Renate Ahr

Marie – help me!

Eine deutsch-englische Freundschaftsgeschichte

Rowohlt Taschenbuch Verlag

Originalausgabe
Veröffentlicht im Rowohlt Taschenbuch Verlag,
Reinbek bei Hamburg, Januar 2007

Lektorat Christiane Steen
Umschlag- und Innenillustrationen Jan Lieffering
Umschlaggestaltung any.way, Andreas Pufal
rotfuchs-Comic Jan P. Schniebel

Satz Dante MT PostScript (InDesign)
bei KCS GmbH, Buchholz bei Hamburg
Druck und Bindung Druckerei C. H. Beck, Nördlingen
Printed in Germany
ISBN 13: 978 3 499 21376 2
ISBN 10: 3 499 21376 1

Marie – help me

I'm So Glad You're Coming!

Maries Herz klopfte, als sie die Flughafenhalle betrat. Heute flog sie nach Dublin, um Claire zu besuchen. Alle waren mitgekommen, um ihr eine gute Reise zu wünschen: Mam, Pa, Julchen, die Zwillinge und sogar Hanna, die immer wieder die Ärmchen nach ihr ausstreckte. Sie war noch nicht mal ein halbes Jahr alt und verstand trotzdem schon, dass es hier um Abschied ging.

«Ist ja gut», murmelte Marie und nahm Hanna auf den Arm. «Ich bin bald wieder da.»

Fast vier Monate waren seit Maries letztem Treffen mit Claire vergangen. Damals, Ende August, war Claire zu ihr nach Hamburg gekommen, und sie hatten eine aufregende Woche miteinander verbracht. In ihrem alten Versteck unter dem Baum am Isebekkanal hatten sie Murad, den kleinen indischen Jungen, entdeckt, der nicht reden wollte, sondern immer sofort weglief. Aber irgendwann hatte er doch Vertrauen zu ihnen gefasst und von seinem Heimweh nach Indien erzählt. Zum Glück war die Geschichte gut ausgegangen. Jetzt spielte Murad im selben Fußballverein wie die Zwillinge, und er hatte viele Freunde gefunden. Manchmal aß er mittags bei ihnen, und dann fragte er immer nach Claire, die auch wusste, was es bedeutete, Heimweh zu haben.

«Warum musst du ausgerechnet heute wegfahren?», fragte Julchen, als sie auf die Warteschlange am Check-in zugingen. «Es ist doch noch Weihnachten.»

«Weil Claire und ich in dieser Woche beide Ferien haben», antwortete Marie. «Sonst müssten wir noch länger warten, bis wir uns wiedersehen.»

«Bringst du uns was mit?», riefen die Zwillinge wie aus einem Mund.

«Na, klar. Irgendwelche besonderen Wünsche?»

«Ja, ein Armband», rief Isabelle. «Eins, das zu den Ketten passt, die du uns letztes Mal aus Dublin mitgebracht hast.»

«Die mit den bunten Holzperlen?»

«Genau», sagte Nele.

«So eins will ich auch!», rief Julchen.

«Wenn's so was gibt, kriegt ihr alle eins.»

«Pass gut auf dich auf», sagte Pa. «Und geh keine Risiken ein.»

«Was sind Risiken?», fragte Julchen.

«Marie soll sich nicht in Gefahr begeben», antwortete Mam und sah plötzlich ganz ernst aus.

«Claire und ich sind immer vorsichtig», versicherte Marie.

«Na, ich weiß nicht», sagte Pa. «Wenn ich an euren alten Lieblingsplatz denke, diese einsame Stelle unter dem Baum am Kanal ...»

«Dabei hatten wir dir verboten, an einsamen Stellen zu spielen», fügte Mam hinzu.

«Müsst ihr denn immer wieder davon anfangen?», stöhnte Marie. «Ich bin doch kein Baby mehr, sondern immerhin schon zwölf.»

«Du bist dran!», rief Isabelle in diesem Moment und zeigte auf den Schalter.

Marie trat heran und legte ihren Ausweis und den Computerausdruck mit der Buchungsnummer vor, während Pa ihren roten Koffer aufs Band stellte.

«Über fünfzehn Kilo», staunte Nele. «Ganz schön viel für eine Woche.»

«Da sind ja auch Geschenke für Claire und Liam und ihre Eltern drin.»

«Wer ist Liam?», rief Julchen.

«Claires kleiner Bruder.»

«Seit wann hat sie denn einen Bruder?»

«Seit zwei Monaten.» Hätte sie bloß den Namen Liam nicht erwähnt.

«Das hast du uns gar nicht erzählt», sagte Isabelle.

«Ich muss euch ja nicht alles erzählen.»

«Doch!», rief Nele.

«Wenn er vor zwei Monaten geboren wurde, ist er noch kleiner als Hanna», stellte Isabelle fest.

Marie schüttelte den Kopf. «Er ist schon zwei Jahre alt.»

«Wieso?», wunderte sich Nele.

«Claires Eltern haben ihn adoptiert.»

«Was ist das, adoptiert?», fragte Julchen.

«Das erklären wir dir gleich», antwortete Pa. «Jetzt müssen wir hier aufpassen.»

Mam nahm Julchen an die Hand und nickte den Zwillingen zu, ihr zu folgen. «Wir warten da vorne auf Pa und Marie.»

Die Frau am Schalter reichte Marie ihre Bordkarte und sagte, dass in ein paar Minuten eine Stewardess kommen würde, um sie zu ihrem Flugzeug zu begleiten.

«Bist du schon mal allein geflogen?»

«Ja.»

«Dann kennst du dich ja aus.»

Marie nickte und steckte die Bordkarte zusammen mit den anderen Unterlagen in ihren Brustbeutel.

«Aufgeregt?», fragte Pa.

«Hm ...»

Er legte ihr den Arm um die Schulter und drückte sie. «Es wird bestimmt eine schöne Woche.»

«Hoffentlich ...»

Als sie zu den anderen kamen, erklärte Mam gerade, was eine Adoption war: Claires Eltern hätten ein Kind aus einer anderen Familie bei sich aufgenommen.

«Für immer?», fragte Isabelle.

«Ja.»

«Und wieso wohnt dieser Liam nicht mehr bei seinen richtigen Eltern?», wollte Nele wissen.

«Das kann ich dir auch nicht sagen. Vielleicht leben sie nicht mehr, oder ...» Sie wiegte Hanna, die begonnen hatte zu weinen, in ihren Armen hin und her. «Oder er konnte nicht bei ihnen bleiben.»

«Warum nicht?», rief Julchen.

Sie würde so schnell nicht locker lassen, dachte Marie. Wie gut, dass Mam es übernommen hatte, ihr zu antworten.

«Weil sie vielleicht nicht in der Lage sind, ein Kind großzuziehen.»

«Sind sie krank?»

«Entweder das, oder manchmal ist eine Mutter auch allein und schafft es nicht, sich richtig um das Kind zu kümmern.»

«Oh.»

«Claire ist doch froh, dass sie jetzt einen Bruder hat, oder?», fragte Isabelle.

Mam warf Marie einen kurzen Blick zu. «Ja ...»

«Sie hat sich immer gewünscht, dass ihre Eltern noch ein Kind kriegen», meinte Nele.

«Woher weißt du das?», fragte Marie.

«Hat sie uns mal erzählt.»

«Und mir hat sie gesagt, dass sie mich gern als kleine Schwester hätte», rief Julchen.

«Ich glaube, jetzt ist es soweit!», sagte Pa und zeigte auf eine Stewardess, die auf sie zukam.

Marie war erleichtert, dass das Gespräch unterbrochen wurde.

GATE 6

Sie umarmte alle nacheinander, setzte ihren Rucksack auf, und nachdem die Stewardess kurz mit Mam und Pa geredet hatte, gingen sie zusammen los.

Einmal drehte Marie sich noch um und winkte, und alle winkten zurück.

«Viel Glück!», rief Mam.

Marie hatte plötzlich einen Kloß im Hals und wäre am liebsten wieder zurückgelaufen. Dabei freute sie sich doch so darauf, Claire wiederzusehen! Aber sie hatte auch etwas Angst vor dem Besuch.

«Warst du schon mal in Dublin?», fragte die Stewardess.

«Ja ...»

«Und? Hat's dir dort gefallen?»

Marie nickte. Ihr war nicht danach, der Stewardess von Claire und ihrem Leben in Irland zu erzählen. Also sagte sie nichts, und dann kamen auch keine Fragen mehr.

Marie blickte aus dem Fenster und sah, wie unter ihr die Häuser und Bäume immer kleiner wurden. Jetzt flogen sie schon über den Hafen mit seinen Lagerhäusern und den riesigen Kränen. In der Ferne leuchtete die Elbe wie ein silbernes Band.

Sie öffnete ihren Brustbeutel und zog Claires letzte Mail heraus, die sie gestern Abend schnell noch ausgedruckt hatte.

Dear Marie,
I'm so glad you're coming because I don't know what to do any more. Since my last mail to you things have become so bad, it's unbelievable!
Liam is a real monster! A few days ago he grabbed my mobile, which was lying on the kitchen table, and threw it into a bucket of water. When I screamed at him he just grinned. I was so furious I nearly hit him! My mother tried to console me and got me a new mobile straight away, but that's not what it's about. I don't want to live under the same roof with this boy! I don't want to share him with my parents! He's got nothing to do with us! How could they ever adopt him?
Today Liam did something so mean that it still makes me cry. He picked up a large stick in the garden and started to beat

Jamie. He must have hurt him, but you know how sweet Jamie is. He didn't even bark. I wish he had bitten the little thug!

«Liam needs time to settle down with us», my parents keep saying. «We must be patient.» But I don't want to be patient. And I can't bear it when I see my parents fussing over him. They are totally crazy about this child. Is it because he's a boy? I know my father always wanted to have a boy! Perhaps more than a girl!

I'm sick of it, Marie.

You're the only one who can help me.

Lots of love and a big hug

Claire

Marie schloss die Augen. Wie sollte sie ihr bloß helfen? Sie konnte doch auch nichts daran ändern, dass Liam jetzt zu Claires Familie gehörte.

Ankunft in Dublin

Marie starrte auf das Fließband. Die meisten anderen Fluggäste hatten ihr Gepäck schon abgeholt. Ob ihr Koffer verloren gegangen war?

«Welche Farbe hat er?», fragte die Stewardess und schaute auf ihre Uhr.

«Rot.»

«Die sind eher selten. Den hat sicher niemand aus Versehen mitgenommen.»

«Und was mache ich, wenn er nicht kommt?»

«Dann geben wir eine Verlustmeldung auf. In der Regel finden sich verlorene Gepäckstücke bald wieder ein.»

«Meine Freundin macht sich bestimmt schon Sorgen», murmelte Marie.

«Ruf sie kurz an. Hast du ein Handy?»

«Ja ...» Daran hätte sie natürlich auch selbst denken können.

Sie zog das Handy, das sie im Oktober zu ihrem Geburtstag bekommen hatte, aus ihrem Rucksack und wählte Claires Nummer.

«Hello?»

«Ich bin's, Marie.»

«Oh, hi! Where are you? Have you missed the plane?»

«Nein, ich bin schon in Dublin, aber mein Koffer ist noch nicht da.»

«I've been trying to ring you.»

«Ich habe eben erst mein Handy eingeschaltet.»

«I'm sure your suitcase will turn up soon. It sometimes takes a bit longer.»

«Drück mir die Daumen.»

«Don't worry. It'll be fine.»

Nachdem Marie aufgelegt hatte, stiegen ihr plötzlich die Tränen in die Augen. Was war, wenn ihr Koffer nicht wieder auftauchte? Darin waren doch all ihre Geschenke: der schöne geringelte Schal, den sie für Claire gestrickt hatte, der Hamburg-Bildband für Claires Eltern und der kleine Teddybär für Liam. Aber auch der grüne Wollpulli, den sie zu Weihnachten bekommen hatte, und ihre neuen, schwarzen Jeans.

Ihr Tagebuch! schoss es ihr durch den Kopf. Hätte sie bloß das Tagebuch nicht in den Koffer gepackt! Die anderen Dinge konnte man neu kaufen, sie konnte Claire auch einen neuen Schal stricken, aber niemand würde ihr das Tagebuch ersetzen können. Seit drei Monaten schrieb sie regelmäßig dort hinein, was ihr alles durch den Kopf ging. Dass sie demnächst in eine größere Wohnung umziehen würden, worauf sie sich zwar freute, aber sie würde ihre alte Gegend auch vermissen. Und dass Mam bald wieder als Erzieherin arbeiten würde, weil sie sonst die höhere Miete nicht bezahlen konnten. Das bedeutete, dass sie künftig alle noch mehr zu Hause helfen mussten. Dabei fand Marie, dass sie schon genug half.

Auch das, was sie über Claire und Liam dachte, hatte sie in ihr Tagebuch geschrieben. Wie sehr sie sich zu Anfang mit Claire darüber gefreut hatte, dass sie bald einen kleinen Bruder haben würde. Und wie erschrocken sie gewesen war, dass sich Claires Begeisterung so schnell ins Gegenteil verwandelt hatte. Schon bald nachdem Liam bei ihr eingezogen war, hatte sie nichts mehr von ihm wissen wollen. War Claire nur eifersüchtig auf ihn, oder war er wirklich so schlimm?

«Ist er das?», hörte sie die Stewardess in dem Augenblick sagen.

Marie blickte auf. Ja, tatsächlich, da war er, ihr roter Koffer. Der letzte auf dem Fließband. Sie nickte erleichtert.

«Glück gehabt.»

«Danke fürs Warten.»

«Glaubst du, ich hätte dich hier allein gelassen? Ich muss dich doch der irischen Familie übergeben.»

Gemeinsam gingen sie auf den Ausgang zu. Marie spürte, wie ihre Hände feucht wurden, so aufgeregt war sie.

Kaum waren sie durch die Schiebetür gegangen, da hatte sie Claire auch schon entdeckt. Sie lehnte am Geländer und winkte ihr zu. Neben ihr stand ihre Mutter und telefonierte. Sie sah erschöpft aus, fand Marie. Liam war nicht mitgekommen.

Claire strahlte. «Hi, Marie!»

«Hallo, Claire.» Sie fielen sich um den Hals.

«I'm so glad you're here», flüsterte Claire ihr ins Ohr. «My mum is talking to my dad. There's more trouble at home.»

«Marie has just arrived», hörte sie Claires Mutter sagen. «Talk to you later.»

«What has he done now?», fragte Claire, nachdem sich die Stewardess von ihnen verabschiedet hatte. «Messed up the computer again?»

Marie erschrak über die Härte in ihrer Stimme.

«Welcome to Dublin», sagte Claires Mutter, ohne auf die Frage zu antworten. «I'm glad you got your suitcase.»

«Me, too. I was really worried.»

«I asked you something», sagte Claire und baute sich vor ihrer Mutter auf.

«Let's go home», seufzte sie und holte ihren Autoschlüssel aus der Handtasche.

«I'll ring Dad if you don't tell me.»

«Liam has flooded the bathroom.»

«Do you hear that, Marie?», rief Claire und ballte die Fäuste. «This nasty little kid called Liam is wrecking our home.»

«Now, don't exaggerate», sagte Claires Mutter. «I remember, when you were two and half years old, there was nothing more interesting than water.»

«So what?»

«One day you decided that all your soft toys should be watered like plants because you wanted them to grow.»

Marie schmunzelte. Julchen hatte auch irgendwann mal ihren Elefanten begossen, weil sie glaubte, dass er dann wachsen würde.

«What's so funny about that?», fauchte Claire sie an.

Marie schluckte. «Ich dachte nur gerade an Julchen, die auch oft auf so komische Ideen kommt.»

«That's nothing like what Liam comes up with.»

«Will you please stop!», sagte Claires Mutter. «You've been looking forward to Marie's visit for weeks. Don't spoil it now, okay?»

Claire presste die Lippen zusammen und verschränkte die Arme vor der Brust.

Schweigend gingen sie zum Parkautomaten und weiter zum Auto. Nachdem sie eingestiegen waren, sah Marie Claire ein paar Mal verstohlen von der Seite an. Noch nie hatte sie sie so verbissen erlebt. Sie musste an Mam denken, die gar nicht sicher gewesen war, ob Marie wirklich jetzt nach Dublin reisen sollte. Vielleicht brauchte Claire ja noch etwas Zeit, um sich an die neue Situation zu gewöhnen. Mam hatte deswegen sogar mit Claires Mutter telefoniert, aber die hatte gemeint, dass es Claire bestimmt helfen würde, wenn Marie zu Besuch käme.

«How was the flight?»

Marie zuckte zusammen. Sie blickte auf und sah, wie Claires Mutter ihr im Rückspiegel zuzwinkerte.

«Fine ... Thank you ...»

«Did you have a nice Christmas?»

«Yes, we did ...»

«When we were living in Germany, I always found it so strange that people got their presents on Christmas Eve.»

«I don't know ... Isn't it hard to wait until the morning of the 25th ... like you do here?»

«It's all a question of what you are used to», meinte Claires Mutter.

Claire sagte kein Wort, und so verfielen sie wieder in Schweigen.

Irgendwann kamen sie an die Brücke, die über die Liffey führte, und dann sah Marie das Meer. Wie anders war die Stimmung gewesen, als sie im Mai mit Claire und ihrer Mutter hier entlanggefahren war! Damals hatten sie miteinander gelacht, und Claire hatte ihr erzählt, dass es abends «apple crumble» zum Nachtisch geben würde.

«I heard you'll soon be moving into another flat», sagte Claires Mutter nach einer Weile.

«Yes … Our flat has become too small … since my baby sister was born.»

«What's her name again?»

«Hanna.»

«She must be five months old by now.»

«Yes …»

Marie gab Claire einen kleinen Knuff in die Seite, damit sie auch mal was sagte. Sie wollte sich schließlich nicht allein mit ihrer Mutter unterhalten. Aber Claire zuckte nur mit den Achseln und schaute aus dem Fenster.

«How's your mother coping with five children?»

«It's a lot of work …»

«Does she have any help?»

«She used to, after Hanna was born, but not any more.»

«I suppose you and the twins have to help her.»

«Yes … But I'm not sure what will happen when my mum goes back to work next spring.»

«Oh, I didn't know about that.»

«She has got a part-time job in a kindergarten …»

«Gosh, I admire your mother. She certainly has a lot of energy.»

«I don't know … It's just that my parents need some extra money because the rent will be higher in the new flat.»

«Yes, of course.»

«We have a cleaning lady who comes twice a week and the place is still a mess», warf Claire ein. «Only because we have this monster living with us.»

«I told you I don't want you to talk like that about your brother!», rief Claires Mutter.

«My brother? You must be joking!»

«He is your brother! Wether you like it or not.»

«Well, I don't like it. In case you hadn't noticed.»

«Marie, I'm sorry», sagte Claires Mutter und seufzte. «We're having a really difficult time.»

Marie nickte. Sie konnte nur hoffen, dass das nicht die ganze Woche so weitergehen würde.

Ein paar Minuten später hielten sie vor Claires Haus in der kleinen Sackgasse am Meer. Marie war erleichtert, dass sie endlich aussteigen konnte. Nachher, wenn sie mit Claire allein war, würden sie bestimmt wieder normal miteinander reden können.

In dem Moment spürte sie etwas Feuchtes an ihrer Hand. «Oh, hallo, Jamie!» Claires Hund kam ihr fast doppelt so groß vor wie im Mai. Sie hockte sich hin und streichelte ihn, und Jamie wedelte freudig mit dem Schwanz.

«He remembers you», sagte Claires Mutter und lächelte.

«Hi, Marie!», rief da jemand hinter ihr.

Sie drehte sich um und sah Claires Vater auf sie zukommen. Er hatte einen kleinen blonden Jungen auf dem Arm.

«Hi!», sagte Marie.

«This is Liam!»

«Hi, Liam.»

Seine großen, braunen Augen sahen sie so erstaunt an, dass sie plötzlich lächeln musste. Und da lächelte Liam zurück. Sein ganzes Gesicht strahlte. Was für ein hübsches Kind!, dachte Marie unwillkürlich.

I Feel Betrayed

Kaum hatten sie Claires Zimmer betreten und die Tür hinter sich geschlossen, als Claire anfing zu weinen. Sie warf sich auf ihr Bett und vergrub den Kopf unter ihrem Kissen.

Marie setzte sich zu ihr und legte ihr die Hand auf den Rücken. Es tat ihr weh zu sehen, wie verzweifelt ihre Freundin war. Im Januar, als Claire erfahren hatte, dass ihre Familie nach Dublin zurückziehen würde, war sie auch verzweifelt gewesen, aber dies war schlimmer, viel schlimmer.

«I ... I don't know ... what to do any more ...», schluchzte Claire. «Whenever I see Liam ... I ... I just want to run!»

«Dabei hast du dich zuerst so auf ihn gefreut.»

«That's true ... And when he arrived I was so happy!»

«Was ist denn passiert?»

«Suddenly everything changed. My father seems like a different person. He can't take his eyes off Liam ... And my mother, too. You should hear her: ‹Liam said Mummy today›, ‹Liam seems to have a little stomach upset›, ‹Liam slept right through›. They're just not the same any more! It's as if only now they can be really happy.»

«Aber wahrscheinlich haben sie sich wirklich jahrelang ein zweites Kind gewünscht.»

«Yes, my mum told me recently that they had been trying to have another child for years. But she never became pregnant again.»

«Und dann haben sie beschlossen, ein Kind zu adoptieren.»

Claire richtete sich auf. «And do you know what?»

«Nein.»

«It was because of the adoption that we came back to Dublin.»

«Wirklich?»

«My parents haven't admitted it but I heard my mum say to a friend that you had to live in Ireland in order to adopt a child here.»

«Ich dachte, ihr seid umgezogen, weil dein Vater hier einen besseren Job gekriegt hat.»

«That's why I feel betrayed. It wasn't the main reason at all!»

«Außerdem wollte deine Mutter näher bei ihren Eltern sein, weil deine Oma krank ist.»

«My Granny is a lot better. She and Granddad are coming tonight to have dinner with us.»

«Trotzdem ... deine Eltern hätten ja auch in Deutschland ein Kind adoptieren können, wenn es ihnen nur darum gegangen wäre.»

«In Germany adoption is much more difficult.»

«Woher weißt du das?»

«From the internet.»

Marie starrte Claire verblüfft an. «Du hast im Internet nachgeguckt? Warum fragst du nicht einfach deine Eltern?»

«They wouldn't give me an honest answer.»

«Was heißt ‹honest›?»

«Ehrlich.»

«Sie würden dir keine ehrliche Antwort geben? Aber warum sollten deine Eltern dich anlügen?»

«They know how I hated having to move back to Ireland. And if they had to admit we only did it because they wanted to adopt this awful child, they know that I would hit the roof.»

«Aber seit ich dich kenne, hast du dir immer eine Schwester oder einen Bruder gewünscht.»

«It's strange, isn't it? But I can tell you, I'd much rather have stayed an only child.»

Marie stand auf und ging ans Fenster. Claire war eifersüchtig auf Liam. Soviel war ihr jetzt klar. Auch Julchen war zu Anfang sehr eifersüchtig auf Hanna gewesen, doch das hatte irgendwann aufgehört. Bei Claire würde es viel schwieriger sein, weil sie zwölf Jahre lang als Einzelkind gelebt hatte.

Obwohl es schon dämmerig war, konnte Marie gerade noch das Meer und die Hügel auf der Halbinsel Howth erkennen. Weiter rechts lag der Fährhafen von Dun Laghaoire. Nicht weit davon entfernt blinkte ein Licht. Jetzt war es wieder dunkel. Nein, da blinkte es wieder. Hieß das, dass ein Schiff in Seenot geraten war?

«Was ist das für ein Licht, das da auf dem Wasser blinkt?»

Claire wischte sich die Tränen ab und putzte sich die Nase. «Probably one of the lighthouses.»

«Stehen die mitten im Meer?»

«No.»

Sie kam zu ihr ans Fenster und nickte dann. «Yes,

it's the one on the West Pier. There's another one on the East Pier.»

«Kommt man da so ohne weiteres hin?»

«Sure. You just walk along the piers until you get to the end.»

«Im Mai waren wir da nicht, oder?»

«No, we had so many other things to do. Do you remember how we went swimming?»

«Na, klar.» Wieder blinkte das Licht. «Können wir da irgendwann mal hingehen? Leuchttürme finde ich toll.»

«Okay.»

Marie drehte sich zu Claire um. «Ich hab dir übrigens was mitgebracht.»

Claire blickte sie erwartungsvoll an. Jetzt sah sie nicht mehr so traurig aus wie vorhin.

«Ich hab es selbst gemacht.»

Marie ging zu ihrem Koffer und holte das Päckchen mit dem Schal heraus.

Claire wickelte es vorsichtig aus. «A scarf! Hey, this is great! And the colours are beautiful: different shades of blue! Thank you so much!»

Sie band ihn sich sofort um, und Marie sah, dass er ihr wirklich gut gefiel.

«I've also got something for you», sagte Claire und holte ein kleines Päckchen aus ihrem Schreibtisch.

Marie musste plötzlich an den Tag vor Claires Umzug nach Dublin denken. Sie hatten auf dem Holzfußboden in Claires leerem Zimmer gesessen und Quarkhörnchen gegessen. Und dann hatte sie von Claire das Päckchen mit dem silbernen Armband bekommen, das sie seitdem trug. Auch Claire trug ihr Armband; das war ihr heute bei der Ankunft gleich aufgefallen.

«I hope you like it.»

Marie öffnete das Kästchen und blickte auf einen silbernen Ring mit einem roten Stein. «Oh, ist der schön! Hast du auch so einen?»

Claire schüttelte den Kopf. «This one is unique. And I wanted you to have it.»

Marie probierte ihn auf dem linken Ringfinger; da war er ihr etwas zu groß. Aber auf dem linken Mittelfinger passte er genau. «Vielen Dank!»

«I wish we could spend the whole week in my room.»

«Ich glaube, das würde auch nicht weiterhelfen.»

«No, I suppose not ...»

Irgendwann rief Claires Mutter, dass sie ins Wohnzimmer kommen sollten. Die Großeltern waren da, und das Essen bald fertig.

Bis dahin hatten sie tatsächlich Claires Zimmer nicht verlassen, sondern auf ihrem Korbsofa gesessen und geredet. Anfangs hatten sie noch über Liam gesprochen, aber dann hatte Claire auch wissen wollen, wie die neue Wohnung aussah, in die Marie bald ziehen würde, wie es Julchen ging, und was Murad so machte.

«Ich glaube, wir sollen kommen», sagte Marie. «Deine Mutter hat gerufen.»

«I know, but I'm not hungry.»

«Vielleicht wird es gar nicht so schlimm.»

«Mealtimes are the worst because Liam always makes such a mess.»

«Auch wenn deine Großeltern dabei sind?»

«That doesn't make any difference. But at least my granny doesn't fuss about him like my parents do.»

«Und dein Opa?»

«He's just like my father ... totally mad about ‹his little boy›.»

Marie griff in ihren Koffer, um die Geschenke für Liam und Claires Eltern herauszuholen. «Hoffentlich bist du mir nicht böse, dass ich Liam auch was mitgebracht habe.»

Claire runzelte die Stirn. «Why? He has already got so much stuff.»

«Ich dachte, er freut sich, wenn ich ihm was schenke.»

«What is it?»

«Ein kleiner Teddybär.»

«He'll probably throw it into his bath.»

«Der trocknet auch wieder.»

Claire zuckte mit den Achseln. «Well, I can't stop you. And of course my parents will be delighted. They can't get enough presents for him.»

«Wenn ich Liam was schenke, heißt das nicht, dass ich dir wehtun will.»

«But it does hurt. I'd much rather you ignored him.»

«Aber du willst doch, dass ich dir helfe.»

«Yes. And for that you have to be on my side.»

«Das bin ich ja.»

Claire schaute sie zweifelnd an. «By giving presents to Liam?»

«We're waiting for you!», hörten sie Claires Mutter rufen.

«Komm», sagte Marie.

Widerwillig stand Claire auf und folgte ihr ins Wohnzimmer.

Dort saßen die Großeltern auf dem Sofa und sahen Liam und Claires Vater zu, wie sie einen Turm aus bunten Holzklötzen bauten. Jamie lag dösend vor dem Kamin, in dem ein Torffeuer prasselte.

«This is Marie», sagte Claires Mutter.

Die Oma lächelte, als sie Claire die Hand gab. «I've heard a lot about you.»

«Even I have», murmelte der Opa. «You are the German girl who has four younger sisters, aren't you?»

Marie nickte und reichte Claires Mutter das Geschenk. «This is something from my parents.»

«That's very kind of them. Thank you.»

«I've also got something for you, Liam», sagte Marie und hockte sich neben ihm nieder.

Er schaute sie mit offenem Mund an, dann griff er nach dem Päckchen, das sie ihm hinhielt.

«Liam?», rief er.

«Yes, it's for you.»

Claires Vater wollte ihm helfen, es auszuwickeln, doch Liam fing sofort an zu schreien.

«I just want to help you.»

«Liam! Liam!», rief er und schwenkte das Päckchen hin und her.

«Oh, no!», stöhnte Claire. «Does he have to put up such a show just because he got a parcel?»

Niemand achtete auf sie. Alle beobachteten Liam, der das Papier aufriss.

«Oh!» Er zog den kleinen Teddy heraus und strahlte. «Liam!»

«Yes, it's yours», sagte Marie.

«What a beautiful teddy bear!», rief der Vater. «Aren't you lucky, Liam?»

«Thank you so much, Marie», sagte die Mutter. «That's very sweet of you.»

In dem Augenblick wurde die Wohnzimmertür zugeschlagen. Marie blickte auf. Claire war verschwunden.

«Oh, no!», rief der Vater. «When will that girl stop being so silly?»

«I don't know», murmelte die Mutter.

«That girl is your daughter and she is jealous, which is not surprising after twelve years of a life as an only child», sagte die Oma und griff nach ihrem Stock. «I'll talk to her.»

«Mother, that's useless», rief die Mutter.

«I know what I'm doing», antwortete sie und erhob sich mühsam aus dem Sofa.

Alle schwiegen, während sie langsam zur Tür humpelte. Und auch nachdem sie das Zimmer verlassen hatte, sagte keiner ein Wort.

«Claire?», rief Liam da plötzlich und zeigte auf die Tür.

«She'll be back in a minute», antwortete der Vater.

Liams Gesicht war plötzlich ganz ernst, so als ob er genau verstanden hätte, warum Claire aus dem Zimmer gelaufen war.

In die Stille hinein klingelte das Telefon im Flur. Es war Mam, die wissen wollte, ob Marie gut angekommen war.

«Ja.» murmelte Marie.

«Alles in Ordnung?»

«Hm.»

«Hat Claire sich über dein Päckchen gefreut?»

«Ja.»

«Habt ihr euch gestritten?»

«Nein.»

«Aber richtig froh bist du nicht.»

«Nee …»

«Erzähl mir doch, was los ist.»

«Das geht jetzt nicht so gut …»

«Dann ruf mich morgen früh an, okay?»

«Okay.»

«Grüß Claire und ihre Eltern von mir.»

«Hm.»

«Und schlaf gut.»

«Du auch.»

Bist du verrückt?

Als Marie ins Wohnzimmer zurückkam, war Claire immer noch nicht wieder da.

Nachdem erst die Oma und dann die Mutter vergeblich versucht hatten, mit Claire zu reden, klopfte schließlich Marie an ihre Zimmertür. Claire rief, sie wolle allein sein, und als Marie die Klinke herunterdrückte, stellte sie fest, dass die Tür abgeschlossen war.

Auf einmal wünschte sie, sie wäre zu Hause in Hamburg geblieben. Dort würde sie jetzt mit ihren Eltern und all ihren Geschwistern im Wohnzimmer sitzen, die roten Tannenbaumkerzen anzünden, ihre selbst gebackenen Plätzchen essen und Spiele spielen. Und selbst wenn sie mit den Zwillingen Streit bekommen würde, wäre das was anderes als hier. Hier war sie allein; Claires Eltern kannte sie kaum und die Großeltern noch weniger. Warum hatte Claire gewollt, dass sie zu Besuch kam, wenn sie ihr jetzt nicht mal die Tür öffnete?

«Marie?», rief die Mutter aus der Küche.

«Yes.»

«Dinner is ready.»

«I'm coming.»

Im Esszimmer stand ein riesiger Tannenbaum mit lauter künstlichen Lichtern in allen Farben. Große silberne Kugeln hingen an den Zweigen und viel Lametta. Aber wenigstens gab es auch ein paar Süßigkeiten.

«Would you like to sit next to me?», fragte die Oma und lächelte.

Marie nickte.

«Marie!», rief Liam, der in einem Hochstuhl saß und mit seinem Löffel auf den Tisch trommelte.

«Yes», sagte Marie. «That's me.»

«Marie! Marie!»

«And you are Liam!»

Er quietschte vor Vergnügen, als er seinen Namen hörte. Gleichzeitig wurde das Trommeln stärker.

«Go easy on the table», warnte der Vater, während er Marie Wasser einschenkte und den Erwachsenen Rotwein.

Jetzt kam Jamie ins Zimmer getrottet. Er lief einmal um den Tisch herum und ließ sich dann mit einem lauten Schnaufen neben dem Opa nieder.

«You know where you'll be getting some nice scraps, don't you?», murmelte der und streichelte Jamies Kopf.

Die Mutter stand vor einem kleinen Rollwagen, in dem in verschiedenen Fächern das Essen warm gehalten wurde, und begann, für alle aufzufüllen: Truthahn, gebackenen Schinken, Rosenkohl, geröstete Kartoffeln und eine hellbraune Sauce. Marie wusste nicht, ob sie so viel schaffen würde.

«We are awfully sorry about this», sagte die Mutter, als sie ihr den Teller reichte. «Claire has never behaved this badly before.»

«Claire!», rief Liam, und seine Augen glänzten.

«Yes, your sister has been very naughty», murmelte der Opa. «Who would have thought she could be so stubborn?»

In dem Moment gab es ein lautes Klirren. Marie zuckte zusammen.

«Liam!», schrie der Vater und starrte erschrocken auf das kaputte Glas, das direkt neben Jamie auf dem Boden lag. Sein Fell war voller Rotwein.

«Don't move!», rief die Mutter.

Aber es war schon zu spät. Jamie war aufgestanden und fing an, sich zu schütteln. Die roten Tropfen flogen in alle Richtungen.

«Let me see if there's any glass on your fur», sagte der Vater und griff nach Jamies Halsband.

Liam hatte inzwischen wieder angefangen, mit dem Löffel auf dem Tisch herumzutrommeln.

«That's enough!», rief die Oma.

Und bevor Liam wusste, wie ihm geschah, hatte sie ihm den Löffel weggenommen. Prompt fing er an zu schreien.

«Oh, no», stöhnte die Mutter und sank auf ihren Stuhl. «This is too much for me.»

«I think Jamie is all right», sagte der Vater und sammelte die Glasscherben ein. «It's just an awful mess with all the red wine everywhere. Pity about the glass, too … It was one of the old ones.»

«We should have eaten in the kitchen.»

«Why don't you go on serving?», murmelte der Opa. «I'm hungry.»

Liams Schreien war in Weinen übergegangen. Der Vater nahm ihn aus dem Hochstuhl und versuchte, ihn zu trösten, aber es gelang ihm nicht.

«Do you want to have a look at the Christmas tree?», fragte Marie und griff nach Liams Hand.

Er blickte sie erstaunt an, und als der Vater ihn auf dem Boden abgesetzt hatte, lief er tatsächlich mit ihr zum Tannenbaum.

«There are so many lights», sagte Marie. «Red ones, green ones, yellow ones, blue ones and white ones.»

«Lights!», rief Liam und zeigte auf den Baum.

«You can see she has a lot of experience with small children», hörte Marie die Oma im Hintergrund sagen.

Das stimmt, dachte Marie. Und Liam war auch nicht anders, als Julchen oder die Zwillinge in dem Alter gewesen waren. Aber bei ihnen zu Hause wurde immer in der Küche gegessen, und solche wertvollen Gläser hatten sie auch nicht.

Es war schon nach zehn Uhr, als Marie vorsichtig die Klinke von Claires Zimmertür herunterdrückte. Diesmal ließ sich die Tür öffnen.

Es brannte nur eine kleine Lampe neben der Liege, auf der sie bereits im Mai geschlafen hatte. Claire musste in der Zwischenzeit das Bett gebaut haben.

Sie lag zur Wand gedreht und hatte sich so in ihre Decke eingerollt, dass nur ihre schwarzen Haare zu sehen waren. Ob sie wirklich schlief?

Vielleicht war es besser, wenn sie beide erst mal schlafen würden. Marie spürte plötzlich, wie müde sie war. Aufs Zähneputzen würde sie heute verzichten.

Schnell zog sie sich aus und verschwand unter ihrer Decke. Während ihr die Augen zufielen, dachte sie daran, dass sie morgen früh gleich zu Hause anrufen wollte.

«Marie?», hörte sie Claire da flüstern.

«Ja?»

«I know what I'm going to do.»

«Was?»

«Tomorrow I'll tell my parents that I want to go to boarding school.»

«Du willst ins Internat? Bist du verrückt?»

«No, not at all. Anything would be better than staying here.»

«Du brauchst einfach noch ein bisschen Zeit, um dich an Liam zu gewöhnen.»

«I don't want to get used to him.»

«Aber warum denn nicht?»

«He is a strange child. You saw him tonight. Do you think I didn't hear what went on in the dining room? I'm glad I wasn't there because I wouldn't have put up with him terrorizing everybody else.»

«Liam ist überhaupt nicht merkwürdig. Was meinst du, was Julchen und die Zwillinge alles angestellt haben, als sie zwei waren.»

«Julchen is completely different. I remember the time when she was two. She was always so sweet.»

«Du warst vielleicht nie da, wenn sie müde war oder Bauchweh hatte oder Zähne bekam. Dann war bei uns die Hölle los.»

«I can't imagine that.»

«Aber wenn ich's dir doch sage!»

«Anyway ... Why should I want to live with a child that makes my life so difficult?»

«Das wird sich bestimmt bald ändern.»

«No, I'm sure it won't.»

«Versuch's doch wenigstens mal!»

«You're talking just like my mother.»

«Und wenn schon.»

«I'm tired. Good night.»

«Nacht.»

Kurz darauf merkte Marie, dass Claire eingeschlafen war. Sie aber lag noch lange wach und grübelte darüber nach, wie sie Claire von der Idee abbringen konnte, ins Internat zu gehen.

I Don't Think That's Asking Too Much

Als Marie am nächsten Morgen aufwachte, wusste sie zuerst nicht, wo sie war. Der Raum kam ihr viel dunkler vor als sonst, und auch ihr Bett fühlte sich anders an.

Da fiel es ihr mit einem Schlag wieder ein: Sie war in Dublin, bei Claire, die ihr gestern Abend verkündet hatte, sie wolle ins Internat.

«Bist du schon wach?», fragte Marie in die Dunkelheit hinein.

Keine Antwort. Sie knipste das Licht an. Claires Bett war leer. Zehn nach zehn, zeigte der Wecker. Sie hatte verschlafen!

Marie sprang aus dem Bett und lief zum Fenster. Sie zog die Gardinen beiseite und klappte die Fensterläden auf. Es goss in Strömen, und das Meer sah grau und aufgewühlt aus. Kein Tag, um zum Leuchtturm zu gehen.

Auf dem Weg zum Badezimmer hörte sie Claires Stimme aus der Küche. «Liam, will you stop pestering me! I don't want your spoon!»

«Claire, please», sagte die Mutter. «He only wants to play with you.»

«But I don't want to play with him.»

Marie runzelte die Stirn. Was hieß «pestering»? Hatte das was mit der Pest zu tun, dieser Krankheit, an der früher so viele Menschen gestorben waren? Während sie unter der Dusche stand, überlegte sie, dass es wahrscheinlich so was wie plagen oder belästigen hieß. Claire wollte von Liam in Ruhe gelassen werden. Bei dem Gedanken zog sich in ihrem Innern etwas zusammen. Auch wenn Claire eifersüchtig auf ihren kleinen Bruder war, musste sie doch nicht so grob sein, wenn er versuchte, mit ihr zu spielen.

Als Marie in die Küche kam, saß Claire mit versteinertem Gesicht am Tisch und starrte auf ihr Rührei. Ihre Mutter hob gerade den weinenden Liam aus seinem Hochstuhl und küsste ihn.

«Morning», murmelte Marie und streichelte Jamie, der sofort Schwanz wedelnd auf sie zugelaufen war.

«Good morning, Marie», sagte Claires Mutter. «Look, Liam, who's here?»

Liam blickte sie kurz an und weinte dann weiter.

«Would you also like some scrambled eggs?»

«Yes, please.»

Claire hatte immer noch nichts gesagt. Marie setzte sich zu ihr und berührte leicht ihre Hand.

«Hallo.»

«Hi.»

«Tut mir leid, dass ich so lange geschlafen habe.»

«I don't mind.»

«You must have been very tired after the journey ... and everything else», sagte die Mutter und wollte Liam in seinen Hochstuhl zurücksetzen. Doch da ging das Weinen sofort in Schreien über. «Liam, I want to make some scrambled eggs for Marie, and I can't hold you at the same time.»

«I can take him», bot Marie an.

«Thanks», antwortete die Mutter und reichte ihr vorsichtig den schreienden Liam.

«Ist ja gut», sagte Marie leise und strich ihm über den Rücken. «Du brauchst keine Angst zu haben.»

«He doesn't speak any German», fauchte Claire.

«Der versteht auch so, was ich meine.»

«Are you sure? To me he doesn't seem to be such a bright kid.»

«Claire, that's enough!», rief die Mutter. «I won't put up with remarks like that.»

Während Claire und ihre Mutter sich stritten, dachte Marie, dass sie niemals eine Woche lang hier bleiben würde, wenn Claire sich so unmöglich benahm. Wollte sie ihr etwa verbieten, mit Liam zu reden? Sollte sie so tun, als sei er nicht da? *You're the only one who can help me* hatte sie in ihrer Mail geschrieben. Was stellte sie sich unter dieser Hilfe vor? Dass sie gemeinsam versuchen würden, Liam aus der Familie zu vergraulen? Plante Claire etwas, wovon sie noch nichts wusste? Maries Kehle schnürte sich zusammen. Saß Claires Hass so tief, dass sie ihrem Bruder etwas antun würde?

Ihr Blick fiel auf Liam, der aufgehört hatte zu weinen und sie fragend ansah. Er hatte gemerkt, dass sie mit ihren Gedanken woanders war. Jetzt griff er mit beiden Händen in ihre Haare und fing an zu lachen. Da musste sie auch lachen, obwohl ihr eigentlich nicht zum Lachen zumute war.

«Very funny», murmelte Claire und stand auf.

«Here are your scrambled eggs», sagte die Mutter und reichte Marie einen großen Teller mit Rührei und braunem Brot. «I'll take Liam.»

Aber Liam wollte bei Marie bleiben. «It's okay. I can eat while he's sitting on my lap. Julchen used to do the same.»

«It seems you've found a new friend!», rief Claire, bevor sie die Küche verließ.

«I don't know what to do any more», seufzte die Mutter und ließ sich auf einen Stuhl fallen. «Claire has become a completely different person since Liam arrived. I would never have thought that she could be so mean, so horrible ...»

«She is jealous of him», sagte Marie.

«I know ... She's used to being an only child. We probably spoilt her too much over the years.»

Marie fragte sich, ob die Mutter schon von Claires Internatsplänen wusste. Vielleicht war es doch keine schlechte Idee, wenn Claire woanders zur Schule gehen würde. Es müsste ja nicht für immer sein. Irgendwann würde sie sich bestimmt daran gewöhnen, dass Liam jetzt zu ihrer Familie gehörte.

«She has just told me she wants to go to boarding school», sagte Maries Mutter da.

«I know.»

«It's such a crazy idea! I went to boarding myself and hated every minute of it. I was so homesick!»

«Perhaps it's different now ...»

«Yes, I'm sure there are schools which aren't so strict, but still ... It's an awful thought that Claire doesn't want to live with us any more.»

«Marie!», rief Liam plötzlich und griff nach ihrer Gabel.

«Do you want to try my scrambled eggs?»

Er strahlte sie an, aber als sie ihm von ihrem Rührei anbot, patschte er nur mit seiner Hand hinein und freute sich, als alles runterfiel.

«Liam!», rief die Mutter und holte einen Lappen. «Don't play with food.»

Liam klatschte in die Hände und wippte dabei auf und ab. «Marie! Marie!»

«You like Claire's friend, don't you?»

«Claire!»

«Yes, you like her, too ...» Die Mutter seufzte wieder. «He always tries to get her attention but she just ignores him.»

«How was it at the beginning, in the first few days after Liam had arrived?», fragte Marie.

«She was okay with him but not as enthusiastic as we had thought she would be. I didn't know that she had so little patience with small children. And right from the start she couldn't bear the fact that Liam was getting so much attention. Then one day he walked into her room and tried to start her computer. Nothing really happened but Claire got into such a state ...»

Marie erinnerte sich an die Mail, die Claire ihr damals geschrieben hatte. Es hatte so geklungen, als ob Liam ganze Dateien gelöscht hätte.

«We're hoping that your visit will help her a bit. You've been surrounded by smaller children for years. You know how it is.»

«Yes, and I've tried to talk to her, but she doesn't want to hear about it.»

«She always told us how much she loved to be with Julchen.»

«That's true. And Julchen loves to be with her. But she's on best behaviour when Claire is there. And Claire doesn't believe me when I tell her how ... how difficult Julchen can be.»

«Claire!», rief Liam wieder.

«I'm so sorry your visit here has got off to such a bad start», sagte die Mutter. «Let's hope that Claire will begin to be a bit more reasonable over the next couple of days.»

Marie nickte, aber sehr zuversichtlich war sie nicht. «I think I have to go now …»

«Yes, of course.» Die Mutter nahm Liam auf den Arm, und diesmal protestierte er nicht. «Perhaps the two of you could go for a swim.»

«I would love to do that. Bye, Liam. See you later.»

Er winkte ihr zu, und dabei lachte er wieder. Claire verpasste eine Menge, wenn sie von diesem Kind nichts wissen wollte, dachte Marie.

Als sie in ihr Zimmer kam, lag Claire auf dem Bett und las.

«Hast du Lust, schwimmen zu gehen?»

Claire schüttelte den Kopf.

«Oder willst du lieber in die Stadt fahren?»

Keine Reaktion.

«Was würdest du denn gern machen?»

«I don't know», antwortete Claire, ohne von ihrem Buch aufzublicken.

Marie spürte, wie die Wut in ihr hochstieg. «Weißt du was?»

«No, I don't.» Sie las immer noch weiter.

«Mir reicht's bald!»

Claire schaute hoch, ohne die Miene zu verziehen.

«Warum bin ich überhaupt hierher gekommen?»

«I had hoped you would help me. But all you're doing is getting on fine with Liam and my parents.»

«Und was hattest du dir vorgestellt? Dass ich mit dir weglaufe?»

«Don't be stupid.»

«Du bist diejenige, die blöd ist. Merkst du gar nicht, wie unmöglich du dich benimmst?»

«I told you last night: if you want to help me you have to be on my side.»

Maries Blick fiel auf den silbernen Ring mit dem roten Stein. Am liebsten würde sie ihn Claire zurückgeben.

«I don't think that's asking too much, if you are my real friend.»

«Und was soll das heißen, auf deiner Seite zu sein? Dass ich mit Liam und deinen Eltern nicht reden darf? Dass ich sie wie Luft behandele, so wie du?»

«You could at least talk as little as possible with them.»

«Aber warum? Was soll dabei herauskommen?»

«I don't know.»

«Glaubst du, sie werden Liam wieder weggeben, nur weil du eifersüchtig auf ihn bist?»

«I'm not jealous of him!»

«Natürlich bist du das!»

«I just don't like him.»

«Wie sollst du ihn auch mögen, wenn du ihn überhaupt nicht kennst!»

«I know what I see: a messy kid who screams and kicks and is no fun to be with. I'm not going to put up with someone who has turned my life upside down.»

Das klang wie eine Drohung.

«You don't understand that, do you?»

«Ich weiß nicht, was ich dazu noch sagen soll.»

«Well, then don't say anything. I'd rather read than quarrel with you.»

Marie konnte es kaum fassen, aber Claire griff tatsächlich zu ihrem Buch und las weiter.

Einen Moment lang zögerte sie noch, dann lief sie aus dem Zimmer und schlug die Tür hinter sich zu. Was sollte sie jetzt machen? Mam anrufen? Um ihr zu sagen, dass sie nach Hause kommen wolle? Nein, so schnell würde sie nicht aufgeben.

Aus der Küche hörte sie Liams Schreien und die Stimme der Mutter, die beruhigend auf ihn einredete. Er schrie wirklich viel, der kleine Liam …

Marie zog ihre Jacke an und ging auf die Haustür zu. Sie würde ans Meer gehen, auch wenn es regnete und stürmte. Alles war besser, als hier zu bleiben und Claires schlechte Laune zu ertragen.

Draußen schlug ihr der Wind entgegen, aber zum Glück regnete es nicht mehr. Sie ging die kleine Sackgasse entlang und weiter bis zu dem alten Turm. *Seapoint Beach*, stand auf dem kleinen Schild. Hier waren Claire und sie im Mai immer schwimmen gegangen. Als sie daran dachte, wie viel Spaß sie damals gehabt hatten, überfiel sie plötzlich eine große Traurigkeit. Was war bloß mit Claire passiert? Sie würde doch Mam anrufen; mit irgendjemandem musste sie schließlich reden.

Marie holte ihr Handy aus der Jackentasche und wählte ihre Nummer in Hamburg.

Kaum hatte Mam sich gemeldet, als Marie in Tränen ausbrach.

«Kind, was ist passiert?», rief Mam erschrocken.

«Ich … ich bin so unglücklich hier.»

«Und warum?»

«Wegen Claire …»

Schon lange hatte Marie nicht mehr so geweint. Und deshalb dauerte es eine Weile, bis sie weitersprechen konnte. Mam hörte sich die ganze Geschichte ruhig an, und als sie fertig war, fragte sie Marie, ob sie nach Hause kommen wolle.

«Ich weiß nicht.»

«Wenn du willst, buchen wir dir noch heute einen Rückflug.»

«Am liebsten würde ich mich wieder mit Claire vertragen. Wenn sie bloß nicht so verbissen wäre!»

«Das ist eine sehr schwierige Situation, und du wirst das Problem nicht für sie lösen können.»

«Das denkt sie aber.»

«Ich habe von Anfang an geahnt, dass es Schwierigkeiten geben könnte. Deshalb war ich ja dafür, die Reise zu verschieben.»

«Das hilft mir jetzt auch nicht weiter.»

«Nein ...»

Marie schaute aufs Meer hinaus. In der Ferne fuhr ein Schiff, das langsam näher kam. War das eine Fähre, die den Hafen von Dun Laoghaire anlief?

«Marie?»

«Ja.»

«Soll ich Claires Mutter anrufen?»

«Nein, erst mal noch nicht.»

«Pass gut auf dich auf.»

«Ja.»

«Und denk dran: Du musst nicht dableiben, wenn du nicht willst.»

Nach dem Gespräch mit Mam ging es Marie schon etwas besser. Sie lehnte sich an den Turm und beobachtete einen Kormoran, der mit ausgebreiteten Flügeln auf einem Felsen stand.

Da klingelte ihr Handy. Sie dachte sofort an Claire, die sich bei ihr entschuldigen wollte. Aber es war Pa, der nochmal wiederholte, was Mam gesagt hatte. Sie müsse das hier nicht auf Biegen und Brechen durchstehen.

«Okay.»

«Wo bist du jetzt?»

«Am Strand.»

«Ganz allein?»

«Nein ...» Marie sah sich um. Es waren noch mindestens drei Leute mit ihren Hunden unterwegs.

«Ich drücke dir die Daumen, dass ihr euch bald wieder vertragt.»

«Danke. Weißt du, warum Kormorane mit ausgebreiteten Flügeln auf Felsen stehen?»

«Um sie zu trocknen.»

«Komisch ...»

«Hanna schreit. Ich muss jetzt auflegen. Meldest du dich bald wieder?»

«Ja.»

«Tschüs, Marie.»

«Tschüs, Pa.»

Mittlerweile hatte die Fähre fast die Hafeneinfahrt erreicht. Deutlich erkannte Marie den Leuchtturm auf dem West Pier und den auf dem East Pier. Dazwischen musste die Fähre hindurch.

Sie könnte zu einem der Leuchttürme laufen. Aber der Weg bis dorthin war ziemlich lang. Und über der Halbinsel Howth ballten sich schon wieder neue Wolken zusammen. Sie würde ein andermal gehen. Wenn sie dann noch hier war.

Das hätte ich ihr nie zugetraut!

Marie klingelte an der Haustür, jetzt schon zum zweiten Mal. Drinnen bellte Jamie, aber es machte ihr niemand auf. War Claire etwa mit ihrer Mutter und Liam losgezogen, um sie zu suchen? Sie hatte niemandem Bescheid gesagt, bevor sie das Haus verlassen hatte.

In dem Moment wurde die Tür aufgerissen, und Claires Mutter stand vor ihr. Sie hatte den weinenden Liam auf dem Arm.

«Sorry to keep you waiting there. I was in the bathroom with Liam … and I had hoped that Claire would open the door.»

«That's okay.»

«Do come in.»

Marie trat in den Flur und zog ihre Jacke aus.

«I have to apologize on Claire's behalf. She is behaving so badly towards you, it's unbelievable! I got very annoyed with her when I realized that she was lying on her bed reading while you had gone out on your own.»

«We had a quarrel.»

«I'm not surprised. You must be really fed up with her at this stage.»

«I don't know what to do any more.»

«Neither do I, to be honest.»

«Claire?», rief Liam und zeigte auf Claires Zimmertür.

«Yes, you're wondering as well what's the matter with her», seufzte die Mutter. «Shall we go and ask her if she wants to come with us to see Granny and Granddad?»

Er nickte.

Gemeinsam gingen sie auf Claires Zimmertür zu.

«Claire?», rief die Mutter.

Keine Antwort. Wahrscheinlich hat sie sich wieder eingeschlossen, dachte Marie. Und genauso war es.

«This can't go on», murmelte die Mutter.

«Marie!», rief Liam und griff nach ihren Haaren.

«Yes, you're coming with us, aren't you?», sagte

die Mutter und lächelte. «I wouldn't want to leave you here with Claire in such a bad mood.»

«I would love to come», antwortete Marie. Sie hatte tatsächlich keine Lust, mit Claire allein im Haus zu bleiben.

«Perhaps she'll be in better form when we come back this afternoon.»

Die Stimme der Mutter klang nicht sehr überzeugt. Und auch Marie konnte sich nicht vorstellen, dass Claire nachher plötzlich wieder bessere Laune hätte. Aber dann würde sie Mam und Pa anrufen und ihnen sagen, dass sie nach Hause kommen wolle.

Sie brauchten mit dem Auto höchstens zehn Minuten, um zu den Großeltern zu fahren. Ihr Haus lag in einem riesigen, verwilderten Garten, nicht weit entfernt vom Meer. Der Kiesweg, der zum Haus führte, knirschte, als sie darüber fuhren. Marie hatte noch nie ein solches Haus gesehen. Es hatte große Erker, mehrere Türmchen und einen Wintergarten. In der Ferne entdeckte sie sogar einen Tennisplatz.

Die Oma stand in der geöffneten Haustür und winkte mit ihrem Stock.

«Granny!», rief Liam.

«Yes, that's your granny», sagte die Mutter. «She has been waiting for us.»

Die Oma freute sich, dass auch Marie mitgekommen war. Als sie hörte, dass Claire sich zu Hause in ihrem Zimmer eingeschlossen hatte, schüttelte sie nachdenklich den Kopf. «I'm really worried about her.»

«But what can we do?», fragte die Mutter, während sie der Oma in eine große, gemütliche Küche folgten.

Dort war eine junge Frau damit beschäftigt, den Tisch zu decken. Sie lächelte zur Begrüßung, und Marie erfuhr, dass dies Cecilia, die Haushälterin, war.

«You have to be patient», antwortete die Oma und ließ sich auf einen Stuhl fallen. «Claire will need some time to come to terms with the new situation.»

«This has been going on since October», klagte die Mutter. «And not even the fact that Marie has come to Dublin has made any difference. Quite the contrary. Claire is very rude to her.»

Die Oma wandte sich an Marie. «Why is that?»

«I think it's because I like Liam … and I get on well with him.»

Jetzt kam der Opa dazu und rief: «Ah, our girl from Germany! And granddad's little boy.» Er gab Liam einen Kuss und setzte ihn in seinen Hochstuhl.

Liam schwenkte strahlend seinen Löffel hin und her und rief: «Boy! Boy!»

«No broken glasses today», sagte der Opa und hob warnend seinen Zeigefinger.

Liam blickte ihn erstaunt an, als wolle er sagen, ich habe keine Ahnung, wovon du redest.

Die Oma nickte Cecilia zu, dass sie mit dem Servieren beginnen könne. «Do you like vegetable soup?», fragte sie Marie.

«Yes, I do.»

Zuerst bekam der Opa seinen Teller mit heißer Suppe. Als auch alle anderen ihren Teller bekommen hatten und Marie schon zu ihrem Löffel greifen wollte, begann die Oma, ein Tischgebet zu sprechen. So etwas kannte Marie nicht, und sie verstand auch nur die Hälfte von dem, was sie da hörte.

«Soup!», rief Liam, noch bevor die Oma fertig war.

Marie musste sich beherrschen, nicht zu schmunzeln. Auch sie hatte Hunger.

«You aren't Catholic, are you?», fragte der Opa, nachdem sie angefangen hatten zu essen.

«No, I'm … »

«Protestant?»

Marie schüttelte den Kopf.

«You aren't religious at all, am I right?», sagte die Mutter und lächelte ihr aufmunternd zu.

«Yes.»

«What a pity», murmelte der Opa.

«People are less religious in Germany», sagte die Mutter.

Marie erinnerte sich, dass Claire ihr mal erzählt hatte, wie fromm ihre Großeltern seien. Viele Iren seien sehr fromm. Manchmal gäbe es sogar Verkehrsstaus vor den Kirchen, wenn alle zur Messe wollten.

«What about Claire?», fragte der Opa nach einer Weile. «Is she still sulking?»

Die Mutter nickte.

«Perhaps you just need to tell her that enough is enough. You are far too lenient.»

‹Lenient?›, fragte sich Marie. Was bedeutete das?

«Being strict with her wouldn't get us anywhere», sagte die Mutter. «We can't tell her that she has to love her brother, can we?»

Ah, ‹lenient› war das Gegenteil von ‹streng›, dachte Marie. Vielleicht hieß es so was wie nachsichtig.

«I agree», meinte die Oma.

Und dann fuhr sie fort zu sagen, dass Claire sicher auch mit Eifersucht zu kämpfen hätte, wenn Liam ihr leiblicher Bruder wäre. Die Tatsache, dass er adoptiert sei und im Augenblick besonders viel Zuwendung brauche, mache es nur noch schlimmer.

«When I was small, nobody made such a fuss about how a child felt», murmelte der Opa.

«And that was wrong!», rief die Oma. «Children should be allowed to show their feelings.»

«I don't know ...»

«Well, I do!»

Cecilia begann die Teller abzuräumen und Huhn mit Kartoffelmus und Möhrengemüse zu servieren. Es wurde nicht mehr über Claire gesprochen, sondern jetzt wurde Marie nach ihrer Familie und ihrem Leben in Deutschland befragt. Sie erzählte von ihren Geschwistern, von der Schule und von ihren Hobbys. Als sie das Tagebuchschreiben erwähnte, lächelte die Oma und sagte, sie habe als junges Mädchen auch Tagebuch geschrieben. Das könne einem in vielen Situationen weiterhelfen.

Marie zuckte plötzlich zusammen, weil sie etwas an ihrem Bein spürte. Sie blickte unter den Tisch und sah eine große, schwarze Katze, die sich unbemerkt in die Küche geschlichen hatte.

«Cat! Cat!», rief Liam und zeigte auf die Katze.

«That's Penny», sagte die Mutter. «She's quite old.»

«Just like us», murmelte der Opa.

Liam war jetzt nicht länger auf seinem Hochstuhl zu halten. «Up! Up!», rief er immer wieder und streckte seine Ärmchen in die Höhe.

«Do you want to come with me into my study?», fragte der Opa. «I'll read you a story!»

Liam strahlte. «Story! Story!»

«And what about your dessert?», fragte die Oma.

«I'll have it later.»

Penny folgte den beiden, während Cecilia eine Schüssel mit Schokoladenpudding auf den Tisch stellte und die Nachtischschälchen verteilte.

«I can't remember dad ever reading a story to me», sagte die Mutter und füllte den Pudding auf.

«He didn't have the time. That's why he enjoys being a grandfather so much.»

«I suppose so.»

«He also read stories to Claire when she was little.»

«Yes.»

Eine Weile waren sie alle still. Marie war so satt, dass sie ihren Pudding kaum noch schaffte, aber sie wollte ihn auch nicht stehen lassen.

«Have you heard anything more from the social worker?», fragte die Oma und lehnte sich zurück.

«She rang me before Christmas to say that the birth mother had asked for a photograph of Liam.»

«And?»

«Of course I sent one to the social worker immediately.»

«But the adoption has definitely gone through, hasn't it?»

«Yes, it has.»

«Where did Liam live before he came to you?», fragte Marie.

Die Mutter erzählte, dass er in einer Pflegefamilie gelebt hätte, bereits der dritten seit seiner Geburt. Liams leibliche Mutter hätte sich erst kürzlich bereit erklärt, ihn zur Adoption freizugeben.

«And where is the father?»

«He has never been interested in his child.»

Marie runzelte die Stirn. Wie war so was möglich?

«You have to understand that Liam's birth parents live in very difficult circumstances», sagte die Oma. «The mother is only eighteen, she has no home and isn't even together with the father any more, who is a thirty-year-old drug addict.»

Marie runzelte die Stirn. «What's a drug addict?»

«Somebody who takes drugs ... Drogen», übersetzte die Mutter.

«Does Claire know about this?», fragte Marie.

«We've tried a couple of times to tell her about Liam's background, but as soon as we raise the matter she leaves the room.»

Die Oma erhob sich seufzend vom Tisch. «Let's go to the conservatory and sit there for a while. The sun has just come out.»

Marie verstand erst, was ein ‹conservatory› war, als sie im Wintergarten ankamen. Penny lag zusammengerollt auf einem Korbsessel und schlief. Ein gläserner Raum, dachte Marie und blinzelte in die Sonne. So einen Wintergarten hätte sie auch gern, wenn sie groß war.

Es fing schon an zu dämmern, als sie nach Hause kamen. Jamie sprang vor Freude an ihnen hoch und wollte mit Liam spielen, aber Liam war quengelig, weil er keinen Mittagsschlaf gehalten hatte.

«Let's hope that things are a bit easier now», sagte die Mutter und rief nach Claire.

Sie bekam keine Antwort. Marie war sich fast sicher, dass Claire noch immer eingeschlossen in ihrem Zimmer saß, doch sie hatte sich getäuscht. Als die Mutter die Klinke herunterdrückte, ließ sich die Tür mühelos öffnen.

«Claire, where are you?», Die Mutter zog die Bettdecke weg und schaute sogar in den Kleiderschrank.

«Look!», sagte Marie und zeigte auf den Schreibtisch. Dort lag Claires Handy.

«That's strange», murmelte die Mutter. «Normally she doesn't go anywhere without her mobile.»

«Could she have gone to a friend?»

«I'll ring Grace straight away.»

Marie spürte sofort wieder ihre alte Eifersucht. Wenn Claire zu Grace gegangen war, bedeutete das, dass sie ihrer neuen Freundin mehr vertraute als ihr.

«Oh, I had hoped she would be at your house», hörte sie die Mutter in dem Moment sagen. «Please let me know if she gets in touch with you.»

Maries Herz klopfte. Wo war Claire?

In dem Moment begann Liam zu weinen. «Mummy!»

«Would you mind playing with him for a couple of minutes?», fragte die Mutter und schaute Marie bittend an. «I have to ring my husband.»

«Sure», antwortete Marie und wollte Liam auf den Arm nehmen, aber er rannte sofort zu seiner Mutter.

«Liam, I'm sorry, I have to make a phone call. Be a good boy and go to Marie.»

«No!», schrie er und warf sich auf den Boden.

Als Jamie herbeigelaufen kam und Liam mit seiner Nase stupste, schrie er nur noch lauter.

Es dauerte eine Zeitlang, bis Marie ihn beruhigt hatte und er bereit war, sich mit ihr ein Bilderbuch anzusehen.

Während sie zusammen im Wohnzimmer auf dem Sofa saßen, hörte Marie, wie die Mutter mit dem Vater telefonierte.

«It's almost dark by now. We can't just sit around and wait ... I told you, I have no idea! ... Yes, Grace's mother will call me immediately if she hears anything ... To the cinema? The early evening show? ... I suppose that's a possibility ...»

«Sheep!», rief Liam und zeigte auf ein Schaf in seinem Bilderbuch.

Marie nickte abwesend. Einfach weglaufen ... das hätte sie Claire nie zugetraut.

«Yes, Claire and Grace have been to the cinema in Dun Laoghaire once or twice ... No, I don't think she has ever gone on her own ... Okay, I'll wait ... I know she's not a small child any more and it's only four thirty, but ... No, I'm not exaggerating ...

After what has been going on in the last few weeks, anything is possible. If she isn't back by seven thirty I'll ring the police ... When will you be home? ... Can't you come a bit earlier? I'm really worried, you know ...»

«Horse!», rief Liam und griff in Maries Haare.

Er hatte genau gemerkt, dass sie nicht bei der Sache war.

«Sorry», murmelte Marie und fing an, den Text vorzulesen.

Nach einer Weile betrat die Mutter das Wohnzimmer, und Marie sah gleich, dass sie geweint hatte. Sie ging zum Fenster und blickte nach draußen in die Dunkelheit. Dann steckte sie sich eine Zigarette an. Marie hatte sie noch nie rauchen sehen.

«My husband hates it when I smoke, but I'm so tense ... He is convinced that Claire will soon be back. What do you think?»

«I don't know», antwortete Marie. «Has she ever done this before?»

«What?»

«Left the house without saying where she's going?»

«No ...»

«Book! Book!», rief Liam und schwenkte sein Bilderbuch hin und her.

In dem Augenblick klingelte das Telefon. Die Mutter stürzte zum Apparat und nahm den Hörer ab. «Claire? ... Oh, yes, of course ... Sorry, for a moment I thought ... I'll get her ... Marie, it's your mum», sagte sie und reichte ihr den Hörer.

«Hallo, Mam.»

«Wie geht's dir? Hast du mit Claire reden können?»

«Nein. Sie ist weg.»

«Was soll das heißen, weg?»

«Verschwunden. Ich war mit ihrer Mutter und Liam bei den Großeltern zum Mittagessen. Und als wir wiederkamen, war sie nicht mehr da. Kein Zettel. Nichts. Und ihr Handy hat sie auch hier gelassen.»

«Vielleicht ist sie bei einer Freundin.»

«Ihre Mutter hat schon bei Grace angerufen. Da ist sie nicht.»

«Ich kann mir nicht vorstellen, dass Claire richtig wegläuft.»

«Du hast keine Ahnung, wie sauer sie auf ihre Eltern ist. Am Sonntagabend hat sie mir erzählt, dass sie in ein Internat will.»

«Wirklich? Dann sollten die Eltern doch lieber die Polizei verständigen.»

«Das wollen sie auch, wenn sie bis halb acht nicht zu Hause ist.»

«Und was ist mit dir? Du willst jetzt wahrscheinlich erst mal in Dublin bleiben, oder?»

«Ja ...»

«Ruf uns sofort an, wenn ihr was hört.»

«Mach ich.»

«Und schön vorsichtig sein.»

«Bin ich immer.»

«Na, meistens.»

«Tschüs, Mam.»

«Tschüs, Marie.»

Als Marie den Hörer auflegte, merkte sie, wie ihre Hand zitterte. Hoffentlich war Claire nichts passiert.

Die Mutter wartete nicht bis halb acht, sondern telefonierte schon um sechs mit der Polizei. Da war auch der Vater längst zurück und lief hektisch im Wohnzimmer auf und ab. Und selbst Jamie rannte immer wieder zur Haustür; er wartete genauso ungeduldig auf Claire.

«I'll never forgive myself if something happens to her», sagte die Mutter und fing an zu weinen.

Der Vater versuchte, sie zu trösten, aber Marie sah, dass er selbst mit den Tränen kämpfte.

Als zwanzig Minuten später zwei Polizisten kamen, um eine Personenbeschreibung von Claire aufzunehmen und sich Fotos von ihr geben zu lassen, sagte der Vater, dass er sich große Vorwürfe mache. Sie hätten Claires Eifersucht auf Liam viel ernster nehmen müssen. Die Mutter weinte, und Liam schrie. Marie versuchte, ihn zu beruhigen, aber es gelang ihr nicht.

«I'm sure your daughter will turn up soon», sagte einer der Polizisten zum Abschied. «She probably just wanted to give you a fright.»

«Let's hope you're right», murmelte der Vater.

Kurz darauf verließ er das Haus, um mit dem Wagen durch die Gegend zu fahren und nach Claire zu suchen.

Als er zwei Stunden später erschöpft zurückkam, hatte die Mutter gerade wieder bei der Polizei angerufen. Aber von Claire fehlte nach wie vor jede Spur.

What Shall We Do?

Marie träumte, dass sie am Isebekkanal entlanglief und nach Claire suchte. Es war kalt und stürmisch, und sie wusste, wenn sie sie noch lebend finden wollte, musste sie sich beeilen. Immer wieder rief sie nach Claire, doch sie bekam keine Antwort. Als sie ihren alten Lieblingsplatz unter dem Baum mit den langen Ästen erreichte und sah, dass Claire auch dort nicht war, fing sie an zu weinen. Da hörte sie plötzlich ein Geräusch hinter sich. Sie drehte sich um und sah Murad vor sich stehen. «Weißt du, wo Claire ist?», fragte sie ihn. Er antwortete ihr nicht, sondern legte nur seinen Zeigefinger auf den Mund. «Aber ich muss es wissen!», rief sie. «Oder willst du, dass Claire erfriert?»

Marie schreckte hoch. Sie war in Schweiß gebadet. Warum brannte das Licht? Ihr Blick fiel auf Claires Bett. Es war leer. Da erinnerte sie sich auf einmal wieder an alles. Sie hatte das Licht angelassen, damit Claire in ihr Bett finden würde, wenn sie nach Hause kam.

Viertel vor elf, zeigte der Wecker. Sie hörte, wie der Wind heulte und der Regen gegen die Fensterscheiben schlug. Bei dem Gedanken, dass Claire jetzt irgendwo allein im Dunkeln unterwegs war, wurde ihr schwindelig.

Aus dem Wohnzimmer kamen gedämpfte Stimmen. Sollte sie aufstehen und sich zu den Eltern setzen? Nein, vielleicht wollten sie lieber allein sein. Am besten versuchte sie, wieder einzuschlafen.

Sie rollte sich in ihre Decke ein und machte die Augen zu. Aber anstatt müde zu werden, wurde sie immer wacher. Wie in einem Film tauchten Bilder vor ihr auf und verschwanden gleich wieder: Claire, die an einer Bushaltestelle stand. Claire, die unter einer Brücke hockte. Claire, die in einem Hauseingang kauerte.

Nachdem Marie sich ein paar Mal von einer Seite auf die andere gewälzt hatte, gab sie es auf. Sie holte ihr Tagebuch aus dem Koffer und ihren Stift aus dem Rucksack. Dann kletterte sie ins Bett zurück, stopfte sich ihr Kissen in den Rücken und fing an zu schreiben.

BUS STOP

Sie schrieb alles auf, was in den letzten Tagen geschehen war, auch den merkwürdigen Traum von vorhin. Und danach ging es ihr schon etwas besser. Ob Claire hier in Dublin ein Versteck kannte, in das sie sich flüchten würde? Einen neuen geheimen Lieblingsplatz? Sie hatte nie von einem solchen Ort gesprochen, aber das hieß nicht, dass es ihn nicht gab. Ob Grace was Näheres wusste? Marie schluckte. Wenn ja, hätte sie bestimmt heute Abend angerufen und Claires Eltern davon erzählt.

Wo kann sie bloß sein?, dachte Marie und versuchte sich vorzustellen, wo sie hingehen würde, wenn sie es zu Hause nicht mehr aushalten könnte. Aber sie war noch nie in einer solchen Situation gewesen. Außerdem kannte sie sich in Dublin nicht gut genug aus.

Plötzlich fiel ihr der Tag im letzten Sommer wieder ein, als Claire und sie in ihrem Versteck gesessen hatten und Murad aufgetaucht war, weil er sein Rennauto zurückhaben wollte. Sie hatten ihm von ihrem Zimtkuchen abgegeben, und später hatte Murad zum ersten Mal mit ihnen geredet. Er hatte ihnen von seinem Freund Kim erzählt und seinem kleinen, braunen Hund Bobo. Kim und er hatten auch einen Lieblingsplatz gehabt, im Schuppen von Murads Großvater. Marie stutzte. Gab es bei Claire im Garten nicht einen Schuppen?

Hastig stand sie auf, zog sich an und lief ins Wohnzimmer, wo die Eltern am Fenster standen und in die Dunkelheit blickten.

«I've just had an idea where Claire could be.»

«Really?», riefen beide wie aus einem Mund und stürzten auf sie zu. «Where?»

«It's not far ... In fact, it's here in the garden ... I thought she might be in the shed ... »

Die Mutter schüttelte enttäuscht den Kopf. «I looked there first thing and again an hour ago ... »

«What made you think of the shed?», fragte der Vater.

«Because of Murad, the small boy from India we got to know last summer in Hamburg.»

«Yes, Claire told me about him. He had been hiding under your tree.»

«When he first spoke to us, he said that when he was still in India he and his friend also had a favourite place, which was his grandfather's shed ... »

Der Vater runzelte die Stirn. «But what has that shed got to do with us?»

Marie schoss das Blut in den Kopf. «I don't know … it's just that Claire and I both heard about it. And a shed is a place where she would be safe.»

«Wait a minute!», rief der Vater und griff nach dem Arm der Mutter. «A few weeks ago you mentioned something about your parents' shed. That they often forget to lock it which of course they shouldn't.»

«Yes … it's possible that Claire knows about it, too», sagte die Mutter.

«Let's go!», rief der Vater.

«I'll stay here with Liam. It took him hours to fall asleep.»

Auf der Fahrt schwieg der Vater, und auch Marie war nicht nach Reden zumute. Es hatte aufgehört zu regnen, aber dafür stürmte es umso mehr.

Als sie in die Einfahrt zum Haus der Großeltern einbogen und über den knirschenden Kiesweg fuhren, gingen im Garten verschiedene Lampen an. Marie schaute sich suchend um. Wo war der Schuppen, von dem der Vater gesprochen hatte?

«The shed is behind the tennis court. You can't see it from here and you can't see it from the house either. It's a perfect hiding place.»

«But how could she have got there without being seen by anybody? We were sitting in the conservatory this afternoon ... around the time when she must have arrived.»

«I'm sure she wouldn't have gone through the garden. There are quite a few holes in the hedge.»

Kaum waren sie ausgestiegen, als die Haustür geöffnet wurde und die Oma herauskam. Sie sah sehr besorgt aus.

«Have you got any news?»

«No, none whatsoever. Could we have a look at your shed?»

«Yes, of course. But Claire can't be hiding in there. It's locked.»

Der Vater war bereits losgelaufen, und Marie rannte hinter ihm her, zuerst über den Rasen, dann einen schmalen Weg entlang, vorbei an hohen Büschen, bis zum Tennisplatz. Wie gut, dass es diese Lampen gab, sonst würden sie überhaupt nichts erkennen können.

«There it is», sagte der Vater leise und zeigte auf einen kleinen Holzschuppen in der hintersten Ecke des Gartens.

«Should I wait here?», fragte Marie.

«No, let's go together. It was your idea.»

Maries Herz klopfte, als sie auf den Schuppen zugingen. Ob Claire sich tatsächlich dort versteckt hatte?

In dem Moment entdeckte sie das große Schloss, das an der Tür hing. Oh, nein! Die Oma hatte recht gehabt.

«They didn't forget to lock it», seufzte der Vater. «And I was really hoping to find Claire sitting in there.»

«Me, too ... Could she be anywhere else around here?»

Er blickte sich nachdenklich um. «No, I don't think so. The shed was definitely a possibility. But apart from that? Why should she have come to her grandparents' garden while you were all here? No. Let's go home.»

Marie nickte und wollte gerade dem Vater folgen, der sich umgedreht hatte und zum Haus zurückging, als sie bemerkte, dass es an der Seite des Schuppens ein kleines Fenster gab. Würde Claire da durchpassen? Vielleicht gerade eben.

Sie blickte durch die Scheibe. Drinnen war es stockfinster.

«Claire?»

Keine Antwort. Das Fenster war von innen verriegelt und wohl ewig nicht geöffnet worden.

In dem Moment sah Marie im Gras etwas aufblitzen. Sie bückte sich und traute ihren Augen kaum. Ein silbernes Armband! *Marie* war dort eingraviert. Eines der feinen Glieder war aufgebogen. Claire musste beim Hineinklettern in den Schuppen irgendwo hängen geblieben sein.

«Ich weiß, dass du da drinnen sitzt!», rief Marie und klopfte ans Fenster.

Immer noch keine Reaktion.

«Bitte mach auf! Wir haben die ganze Zeit solche Angst um dich gehabt!»

«Go away», hörte sie eine leise Stimme aus dem Innern des Schuppens.

«Ich denke gar nicht daran! Willst du hier verhungern, oder was?»

«Marie, this is none of your business. If you tell my parents where I am, I'll never speak to you again.»

«Claire, bist du verrückt? Du kannst doch nicht in diesem Schuppen bleiben.»

«I have plans to get away ... and I won't be stopped by you.»

«Wenn du wüsstest, wie verzweifelt deine Eltern sind! Sie machen sich solche Vorwürfe, dass sie deine Eifersucht auf Liam nicht ernster genommen haben.»

«It's too late now.»

«Das ist doch Schwachsinn! Sie lieben dich. Meinst du, sie hätten sonst geweint?»

Schweigen im Schuppen. Marie holte tief Luft. Was sollte sie jetzt machen? Bald würde der Vater zurückkommen, um sie zu holen. Sie konnte nicht so tun, als ob sie Claire nicht gefunden hätte.

Was war das für ein Geräusch? Marie legte ihr Ohr an die Scheibe. Es klang wie ein Schluchzen.

«Weißt du, dass ich dein Armband gefunden habe?», sagte sie leise. «Es ist eingerissen, aber man kann's bestimmt reparieren.»

«Is that how you found me?», schniefte Claire.

«Ja.»

«I thought nobody would guess that I'm here.»

«Deine Eltern wären vielleicht auch nicht darauf gekommen. Aber ich habe vorhin von Murad geträumt ... und beim Aufwachen musste ich daran denken, dass sein Freund und er in Indien auch einen Lieblingsplatz hatten.»

«The shed that belonged to his granddad.»

«Genau.»

Marie hörte, wie Claire sich die Nase putzte.

«Willst du nicht allmählich rauskommen? Dir muss doch kalt sein.»

«Yes, I'm frozen.»

«Soll ich den Schlüssel für das Schloss holen?»

«No, I'll climb through the window.»

Claires Gesicht tauchte hinter der Scheibe auf. Einen Moment lang hatte Marie das Gefühl, sie würde träumen. Ihre Augen waren so verquollen, dass sie kaum zu erkennen war. Sie musste stundenlang geweint haben.

Jetzt öffnete sie das Fenster und reichte Marie ihre Jacke. «I'll get stuck if I keep my jacket on.»

Zwei Minuten später stand sie neben ihr. Marie nahm sie in die Arme und drückte sie. «Ich bin so froh, dass dir nichts passiert ist.»

«Thanks for thinking of the shed ...», murmelte Claire und zog ihre Jacke wieder an.

Dann rannten sie gemeinsam auf das Haus der Großeltern zu.

Und wie geht es jetzt weiter?

Der Vater weinte, als er Claire in die Arme nahm und ihr sagte, wie leid es ihm täte, dass es so weit gekommen sei. Und da weinte auch Claire.

«How could she have spent eight hours in that awful shed?», sagte die Oma kopfschüttelnd zu Marie. «It's so dark and cold. And all the creepie-crawlies in it! She must have been desperate.»

Marie nickte. Aber dass sie so verzweifelt gewesen war, hatte nicht mal sie gewusst.

Zu Hause wollte die Mutter Claire gar nicht mehr loslassen.

«I'm so relieved you're back», murmelte sie immer wieder, und dabei liefen ihr Tränen über die Wangen.

Sie saßen noch eine Weile im Wohnzimmer, Claire zwischen ihren Eltern auf dem Sofa und Marie auf dem Sessel vor dem Kamin. Jamie lag zu Claires Füßen und klopfte mit dem Schwanz auf den Boden. Auch er war erleichtert, dass Claire wieder da war.

Es war fast zwei Uhr, als sie beide todmüde ins Bett fielen. Marie hatte Claire noch fragen wollen, was sie für Fluchtpläne gehabt hätte, doch da schlief Claire schon tief und fest.

Am nächsten Morgen wurde Marie als erste wach. Leise stand sie auf und verließ das Zimmer. Sie würde jetzt Mam anrufen, um ihr zu erzählen, dass sie Claire gefunden hatte.

«Wo wollte sie denn hin?», fragte Mam, als sie fertig war.

«Keine Ahnung. Wir haben bisher kaum Zeit gehabt zum Reden. Sie schläft noch.»

«Hat sie sich mit ihren Eltern ausgesöhnt?»

«Ich weiß es nicht ... Auf jeden Fall hatte sie nicht damit gerechnet, dass sie ihretwegen weinen würden.»

«Hat Claire wirklich daran gezweifelt, dass ihre Eltern sie lieb haben?»

«Ich glaube ja ...»

«Na, vielleicht wird sich nun doch noch alles zum Guten wenden ...»

«Ich glaube schon»

«Julchen und die Zwillinge lassen dir ausrichten, dass sie dich vermissen.»

«Ich vermisse sie auch. Aber ich möchte trotzdem bis Sonntag bleiben.»

«Natürlich ... und ich drücke euch die Daumen, dass ihr von jetzt an die Zeit zusammen genießen könnt.»

«Danke.»

«Marie?»

«Ja.»

«Versprich mir, dass du nie so etwas tun würdest wie Claire.»

«Wie kommst du denn darauf?»

«Pa und ich sind immer für dich da, auch wenn du dich über uns mal sehr ärgern solltest.»

«Das weiß ich doch.»

«Dann ist es ja gut.»

Nachdem Marie aufgelegt hatte, dachte sie darüber nach, warum Mam das gesagt hatte. Traute sie ihr wirklich so etwas zu? Sie glaubte nicht, dass sie jemals weglaufen würde, aber sie war auch noch nie so unglücklich gewesen wie Claire.

Mittags beschloss Marie, dass sie Claire jetzt wecken würde. Sie setzte sich zu ihr ans Bett und rüttelte sanft an ihrer Schulter.

Langsam öffnete Claire die Augen. «Hi ...»

«Hallo. Ich dachte, ich weck dich mal. Es ist schon nach zwölf.»

Claire richtete sich auf und schaute sie erstaunt an. «What happened?»

«Du hast gestern stundenlang im Schuppen deiner Großeltern gesessen.»

«Yes, now I remember ...» Claire seufzte und ließ sich wieder auf ihr Kissen sinken. «Sorry I gave you such a hard time.»

«Bevor du weggelaufen bist, war ich kurz davor, nach Hause zu fahren.»

«Really? You wanted to go home early?»

«Ja. Wundert dich das?»

«I wouldn't have thought you could do that ... I suppose I was just thinking about myself.»

«Es war ziemlich blöd von dir, wie du dich gestern Morgen in deinem Zimmer eingeschlossen hast. Ich bin doch hierher gekommen, um mit dir zusammen zu sein.»

«Yes, and I'm really sorry about that.»

Liam hatte im Flur angefangen zu brüllen, und gleich darauf hörten sie die beruhigende Stimme der Mutter. Marie blickte Claire verstohlen an. Sie hatte Liam bisher nicht erwähnt, und auch jetzt schien sie mit ihren Gedanken woanders zu sein.

«Wo wolltest du eigentlich hin?», fragte sie nach einer Weile.

«I had this idea that … I might get onto one of the ferries to Wales …»

«Als blinder Passagier?»

«Yes.»

«Aber wird da nicht sehr streng kontrolliert?»

«A couple of weeks ago a boy managed to get on board. He pretended to belong to a large family.»

«Und was hättest du in Wales gemacht?»

«I don't know.»

«Wie viel Geld hattest du dabei?»

«About fifty euro.»

«Nicht gerade viel.»

«No.»

«Und hattest du was zu essen mit?»

«Two cheese sandwiches … But I ate them as soon as I got into the shed. You were still there, sitting in the conservatory …»

«Was ich nicht verstehe, ist, warum du nicht gleich zum Fährhafen gegangen bist.»

«I did go to the harbour straight away, but the ferry was cancelled because of bad weather. Going back home was out of the question, so I thought I would wait in the shed and hope for better weather in the morning.»

«Gut, dass das Wetter so schlecht war», murmelte Marie. «Sonst wäre alles anders gekommen ... »

Claire nickte. «I'm hungry.»

«Ich auch.»

«We could go into town later on.»

«Okay.»

«Or would you rather do something else?»

«Nein, ich ... »

«What?»

«Ich ... wüsste nur gern, ob du dich mit deinen Eltern wieder vertragen hast.»

«It's not so easy.»

Maries Herz sank.

«When I told them how awful I had felt in the last couple of months, they said how sorry they were that they hadn't look after me as much as they should have done.»

«Das ist doch gut, wenn sie das einsehen.»

«Yes, I know it is.»

«Aber?»

«That won't change the situation.»

«Wieso?»

«Because Liam is still here.»

«Vielleicht wird sich da ja auch was ändern.»

«I can't imagine that.»

«Du hättest mal hören sollen, wie oft er nach dir gerufen hat. Der hat dich richtig vermisst.»

«Well, I didn't miss him. That's for sure.»

Marie zuckte mit den Achseln. Sie hatte keine Lust, weiter über dieses Thema zu reden. Es würde doch nur wieder Streit geben.

«I haven't changed my mind, you know», sagte Claire und schlug die Bettdecke zurück.

«Wie meinst du das?»

«I still want to go to boarding school.»

«Schade», murmelte Marie, während Claire in Richtung Badezimmer verschwand.

A Walk to the Lighthouse

In den darauf folgenden Tagen hatte Marie das Gefühl, dass in Claires Familie eine Art Waffenstillstand herrschte. Alle gingen vorsichtig miteinander um, selbst Liam schien weniger zu schreien als vorher.

Claire und sie fuhren in die Stadt und zogen durch die Geschäfte. Marie kaufte Armbänder mit bunten Holzperlen für Julchen und die Zwillinge und Pfefferminzpralinen und eine Dose Guinness-Bier für Mam und Pa. Im Hallenbad kraulten sie um die Wette, und diesmal war es Claire, die gewann.

Sie gingen ins Kino und sahen einen Zeichentrickfilm, den Marie zum Glück schon auf Deutsch gesehen hatte, sonst hätte sie kaum etwas verstanden.

Weder Claire noch sie sprachen über Liam, und wenn er auf sie zugelaufen kam, um mit ihnen zu spielen, nahm die Mutter ihn immer schnell auf den Arm und versuchte, ihn abzulenken.

Irgendwann beim Essen fiel Marie auf, wie Liam Claire betrachtete, so als frage er sich, was eigentlich mit seiner Schwester los war. Und auch sie verstand nicht, warum Claire noch immer nichts von ihrem Bruder wissen wollte.

Als sie am Silvestermorgen aufwachten, war das Wetter zum ersten Mal strahlend schön. Glatt und blau lag das Meer in der Sonne.

«Liam and I will go into town to do some shopping», verkündete die Mutter beim Frühstück. «What are you two up to?»

Claire blickte Marie fragend an. «I don't know … Any idea?»

«Ich hätte Lust, zu einem der Leuchttürme zu laufen. Wir könnten Jamie mitnehmen.»

«Okay … We'll go to the one on the West Pier. That's closer to us.»

«It'll be a lovely walk on a day like this», sagte die Mutter. «You'll have such a good view.»

«Liam!», rief Liam plötzlich und patschte mit seiner Hand auf den Tisch.

«What is it?», fragte die Mutter.

«Liam walk!»

«You can't walk to the lighthouse. It's too far away.»

«Liam walk!», rief er wieder.

Marie sah, wie Claire aus dem Fenster blickte, als ginge sie das alles nichts an. Sollte sie trotzdem vorschlagen, was ihr gerade eingefallen war? Ja. Warum nicht?

«Wir könnten Liam in den Buggy setzen und ihn mitnehmen», sagte sie leise.

«What?», rief Claire entsetzt.

«Wenn er so gern mitkommen möchte ...»

«Clairemarie! Clairemarie!», rief Liam in dem Moment und schaute sie beide strahlend an.

Vielleicht war es dieser Blick, der bewirkte, dass Claire schließlich mit den Achseln zuckte und murmelte, wenn Marie es unbedingt wolle, dann käme Liam eben mit.

Zehn Minuten später war es soweit. Dick vermummt in einem roten Anorak, saß Liam in seinem Buggy und rief immer wieder «Clairemarie! Clairemarie!» Jamie sprang aufgeregt an der Tür hoch; ihm konnte es nie schnell genug gehen.

«Be careful», sagte die Mutter. «Don't let Liam out of your sight.»

«No», antwortete Marie. «I have a lot of experience with pushing buggies.»

Die Mutter lächelte. «I know. Otherwise I wouldn't let Liam go with you.»

«Bye», rief Claire und ging mit Jamie an der Leine nach draußen.

«Have a good time», sagte die Mutter und gab Liam einen Kuss.

Der Weg zum Pier führte an der Straße entlang und war wesentlich länger, als Marie gedacht hatte. Claire lief mit Jamie ein ganzes Stück voraus, so dass es Marie so vorkam, als würden sie getrennt spazieren gehen.

«Claire!», rief Liam und zeigte auf seine Schwester.

Doch sie drehte sich nicht um; nur Jamie blieb einmal kurz stehen, um zu sehen, ob sie ihnen folgten.

Am Anfang des Piers stand ein Schild *Dogs not allowed on this pier unless on a leash.* Marie war erleichtert, als Claire ihn trotzdem von der Leine losließ. Sonst wären sie vielleicht die ganze Zeit hintereinander hergelaufen.

Der Buggy ließ sich auf dem Kiesboden nur schwer vorwärts bewegen, deshalb schlug Marie vor, ein Stück weiter rechts zu gehen, wo es einen festgetretenen Weg gab. Claire nickte, aber sie bot nicht an, den Buggy auch mal zu schieben.

Es waren einige Leute mit Hunden unterwegs, und Liam winkte jedem neuen Hund begeistert zu.

«What a lovely little boy», sagte plötzlich eine ältere Hundebesitzerin zu Marie. «You must be proud of your brother.»

«He is not my brother», murmelte Marie.

«Claire!», rief Liam und zeigte auf seine Schwester.

«I see», sagte die Frau erstaunt, doch da war Claire schon mit Jamie weitergegangen.

Marie beschloss, sich dadurch nicht die Laune verderben zu lassen. Sie zeigte Liam einen Kormoran und drei große Lachmöwen, aber was ihn viel mehr interessierte, waren die kleinen Motorboote, die durch das Hafenbecken flitzten und ein Segelboot, das gerade Kurs auf die Hafenausfahrt nahm.

Als Marie mit Liam am Leuchtturm ankam, saß Claire auf einer Bank in der Sonne; sie hatte die Augen geschlossen. Jamie dagegen sprang auf und wedelte mit dem Schwanz.

Marie drehte den Buggy um, damit Liam aufs

Wasser gucken konnte. Dann gab sie ihm die Milchflasche, die die Mutter für ihn eingepackt hatte und setzte sich wortlos neben Claire.

«Did you see the seals?», fragte Claire nach einer Weile.

«Was sind seals?»

«... Seehunde ...»

«Nee, die hab ich nicht gesehen.»

«There were four of them ... near the small pier where they sell fish.»

«Hättest du uns ja mal zeigen können. Seehunde würden Liam bestimmt gefallen.»

«Perhaps on the way back.»

«Wenn sie dann noch da sind.»

Liam nuckelte zufrieden an seiner Flasche. Ab und zu blickte er sich zu ihnen um, als ob er sich vergewissern wollte, dass sie noch da waren.

«Have my parents told you anything about him? About where he comes from, I mean.»

«Ja.»

«And what did they say?»

«Dass Liam schon in drei Pflegefamilien gelebt hat ... Seine leibliche Mutter hat ihn erst vor kurzem zur Adoption freigegeben.»

«Why didn't she keep him?»

«Sie ist erst achtzehn und hat kein Zuhause.»

«Do you mean she's homeless?»

«Ja … und mit dem Vater ist sie auch nicht mehr zusammen. Außerdem nimmt der Drogen …»

«Is he also very young?»

«No, he's thirty.»

«Why do people like that have children?»

«Ich glaube nicht, dass die Frau unbedingt schwanger werden wollte.»

«No, probably not.»

«Aber nachdem Liam geboren war, hätte sie ihn bestimmt gern behalten.»

«Why? Because she only recently agreed to have him adopted?»

«Ja.»

«Perhaps you're right …»

Irgendwo vor ihnen bellte ein Hund. War das Jamie? Maries Blick fiel auf den Buggy. Er war leer.

«Liam is gone!», schrie Claire im selben Moment.

Und dann ging alles ganz schnell. Marie rannte hinter Claire her, eine kleine Steintreppe hinauf, ein Stück auf der Kaimauer entlang und auf der Meeresseite wieder eine Treppe hinunter.

Am Ende der breiten Felsenplatten, dort wo die Algen anfingen, lag ein rotes Bündel und schrie. Daneben stand Jamie und bellte.

«Liam, don't move!», rief Claire. «We'll come and help you.»

Doch während sie die Felsen hinunterkletterten, sah Marie, wie Liam versuchte aufzustehen. Und da passierte es! Er rutschte auf den glitschigen, braunen Algen aus und fiel hintenüber ins Wasser.

«Liam!», schrie Claire und stürzte beinahe, als sie die Algen erreichte.

Dann sprang sie hinter ihm her ins Meer. Marie hielt die Luft an. Wo war Liam? Da, jetzt hatte Claire ihn an seiner Kapuze zu fassen bekommen. Er prustete und schrie und zappelte so sehr, dass Claire ihn kaum halten konnte.

«I can't get out! And I won't be able to swim with him either!»

«Warte!» Marie legte sich flach auf den Bauch und streckte ihren rechten Arm aus. «Halt dich fest! Ich zieh euch raus.» Ein paar Sekunden lang hatte Marie Angst, dass auch sie ins Wasser abrutschen würde, aber dann fand sie mit ihrer linken Hand Halt an einem Felsvorsprung.

«I can't hold him any longer!»

«Gib ihn mir!»

Mit letzter Kraft hob Claire ihn hoch und Marie zog ihn an Land. Sie drückte ihn an sich, und Jamie fuhr ihm einmal mit der Zunge durchs Gesicht. Liam schrie und zitterte vor Kälte.

«I found a spot where I can stand!», rief Claire, und kurz darauf gelang es ihr, auf die Felsplatten zu klettern.

«Ich nehme Liam mit unter meinen Anorak», sagte Marie, «das wärmt ihn wenigstens etwas. Und dann rennen wir.»

«Okay!»

Marie sah, wie sehr Claire zitterte. Sollten sie vielleicht doch einem der Boote zuwinken und sich zum Fährhafen bringen lassen?

Aber Claire lief schon die Treppe auf die Kaimauer hinauf und winkte Marie zu, ihr zu folgen. Liam klammerte sich an sie.

«We'll soon be home!», sagte Marie. «Don't be scared any more.»

Auf der anderen Seite angekommen, schnappte Claire sich den leeren Buggy, und dann rannten sie, so schnell sie konnten. Zwischendurch riefen ihnen immer wieder Spaziergänger zu, was passiert sei und ob sie ihnen helfen könnten. Ein Mann versuchte sogar, sich ihnen in den Weg zu stellen, doch Jamies Bellen ließ ihn erschrocken zur Seite springen.

«With any luck my mother isn't back yet», sagte Claire, als sie die Haustür aufschloss.

Sie hatten Glück, es war niemand zu Hause. Schnell ließen sie warmes Wasser in die Wanne einlaufen und zogen Liam die nassen Sachen aus.

«I hope he didn't catch a cold.»

«Glaub ich nicht.»

Nach kurzem Zögern zog sich auch Claire aus und stieg zu Liam in die Wanne. Er planschte vergnügt vor sich hin, und als sie sich nach dem Baden gegenseitig abrubbelten, strahlte er.

Sie hatten längst trockene Sachen angezogen und eine Waschmaschine laufen lassen, als Claires Mutter anrief, um zu fragen, ob alles in Ordnung sei. Sie würde etwas später zurückkommen.

«Perhaps she won't even notice that I washed our clothes», sagte Claire und stopfte die frisch gewaschene Kleidung in den Trockner.

Dann kochten sie sich einen heißen Kakao und setzten sich in die Küche. Claire hielt Liam im Arm und strich ihm über den Kopf. Er trank zufrieden aus seiner Flasche. Vor ihnen saß Jamie und blickte die beiden aufmerksam an.

«Jamie!», rief Liam.

«Yes, Jamie is a very special dog», sagte Claire. «He saved your life.»

Marie wurde auf einmal schwindelig bei dem Gedanken, dass dieser Ausflug fast in einer Katastrophe geendet hätte. Dabei hatte sie doch so viel Übung darin, auf jüngere Geschwister aufzupassen! Aber vorhin hatte sie Liam tatsächlich einen Moment lang vergessen. Und das, obwohl sie gerade über ihn gesprochen hatten.

Als sie aufblickte, sah sie, dass Claire Tränen über die Wangen liefen.

«It's weird. For the last couple of months I have often wished something might happen to him.»

«Was?»

«That he might become ill … or have an accident …»

«Du wolltest, dass er stirbt?»

«No! Just that something would happen to him so that my life would be the same as it was before …»

Marie schluckte.

«But when I saw him falling into the water … I was so scared! He nearly drowned, just imagine! And when I got hold of him … he became so heavy because of the wet clothes … I thought I wouldn't be able to keep him above water. I nearly wouldn't have had a brother any more.»

«Aber du hast es geschafft!»

«Because you were there.»

«Ich hab auch Angst gehabt.»

In dem Moment griff Liam mit beiden Händen in Claires Haare. Da wischte sie sich die Tränen ab und drückte ihn an sich.

Ein neues Jahr

Marie saß in Claires Zimmer und schrieb Tagebuch. Es war mittlerweile dunkel geworden. In der Ferne blinkte das Licht eines der Leuchttürme.

Aus dem Kinderzimmer waren die Stimmen von Claire und Liam zu hören. Liam quietschte vor Vergnügen, und Claire lachte immer wieder laut auf. Marie schrieb, wie erleichtert sie war, dass Claire sich endlich mit ihrem kleinen Bruder freuen konnte. Aber warum musste Liam erst in Gefahr geraten, bevor Claire erkannte, wie sehr sie schon an ihm hing? Es war so schrecklich gewesen, dort unten am Wasser. Das würde sie nie vergessen.

Als die Großeltern zum Abendessen kamen, lag Liam bereits im Bett und schlief tief und fest.

«Didn't we have a lovely day today?», sagte die Oma. «The first sunshine in weeks.»

Marie sah, wie Claire sie kurz anblickte.

«What did the two of you do?»

«We went for a walk on the West Pier», antwortete Claire und streichelte Jamie, der bei dem Wort Pier plötzlich anfing zu bellen.

«Did you go right up to the lighthouse?», fragte der Opa und nahm am Esstisch Platz.

Sie nickten beide.

«And Liam went with them», sagte die Mutter und fing an, die Suppe zu servieren.

«Oh, really?» Die Oma griff nach Claires Hand und drückte sie.

«They must have had a great time, because Liam kept saying to me ‹Clairemarie› and ‹Jamie› and ‹water›. He was so excited about that walk.»

Marie starrte auf ihren Teller. Wie gut, dass Liam noch nicht sehr viel mehr sagen konnte.

«Well, I'm glad you got back safely», meinte der Vater. «I'm not sure if I would have allowed the two of you to walk along the pier together with Liam.»

«Marie has so much experience with small children», warf die Mutter ein.

«I know, but only a few weeks ago a child nearly drowned near the lighthouse.»

«I didn't hear anything about that», rief die Mutter erschrocken.

«Behind the wall there are these flat rocks which are quite slippery. It's such a dangerous spot! Fortunately one of those speedboats arrived just in time.»

«I'm sure Claire knows how to look after her small brother, don't you, Claire?», sagte der Opa.

«I hope so», antwortete Claire leise.

Dann begannen sie zu essen. Niemand erwähnte mehr, dass Claire noch vor kurzem eine Nacht im Schuppen der Großeltern verbracht hatte. Wenn Marie jetzt daran dachte, kam ihr das ganz unwirklich vor, so als wäre es nur ein schlechter Traum gewesen.

Kurz vor Mitternacht zogen sie sich alle warm an und gingen nach draußen. Der Himmel war sternenklar, und in der Ferne glitzerten die Lichter auf der Halbinsel Howth.

«Can you see the lighthouse?», fragte Claire und zeigte schräg nach rechts.

«Ja.»

«I'll never forget our walk», flüsterte sie Marie ins Ohr.

«Ich auch nicht.»

Die Wellen schlugen sanft ans Ufer, es roch nach Meer, und Marie wünschte, dass morgen nicht ihr letzter Tag in Dublin wäre.

In dem Augenblick hörte sie ein Nebelhorn. Und gleich darauf ein zweites und ein drittes.

«Happy New Year!», riefen sich alle zu und nahmen sich in die Arme.

Hier und da ging ein Feuerwerk hoch, aber das kannte Marie ja aus Deutschland. Sie lauschte lieber den Nebelhörnern, die jetzt überall in der Dubliner Bucht ertönten. Der Klang hatte etwas Sehnsüchtiges, und sie spürte, wie ihr die Tränen in die Augen stiegen.

«This is how the ships welcome the New Year», erklärte Claire.

«Hoffentlich wird's ein glückliches Jahr für dich.»

«And for you, too.»

«Jetzt willst du nicht mehr ins Internat, oder?»

«No, I don't.» Sie legte den Arm um Maries Schulter. «Thank you for coming to Dublin. You've been a great help.»

«Ich bin so froh, dass es dir jetzt bessergeht.»

«Next week I'll go and have my bracelet repaired.»

Marie nickte und strich kurz über ihr Armband. Claire und sie würden immer Freundinnen bleiben, auch wenn es wieder mal schwierig werden sollte. Denn dafür waren Freundinnen schließlich da.

Die Autorin

Renate Ahrens, 1955 in Herford geboren, studierte Englisch und Französisch in Marburg, Lille und Hamburg. Zu ihren Veröffentlichungen gehören Kinderbücher, Drehbücher fürs Kinderfernsehen, Hörspiele, Theaterstücke und zwei Romane für Erwachsene.
Seit 1986 lebt sie abwechselnd in Dublin und Hamburg und weiß daher, wie schwer es ist, sich von Freunden trennen zu müssen, aber auch, wie schön es ist, sich nach Monaten wiederzusehen ...

B 52/2

rororo rotfuchs

Von frechen Meermädchen und abgedrehten Gurken – turbulenter Lesespaß bei rotfuchs

Christine Nöstlinger
Wir pfeifen auf den Gurkenkönig
Ein Kinderroman. rororo 20153
Plötzlich sitzt da dieses Kürbis-Gurken-Kronen-Ding in der Küche der Familie Hogelmann und bittet um politisches Asyl ...
Ausgezeichnet mit dem Deutschen Jugendliteratur-Preis.

Gillian Johnson
Thora Meermädchen
Erster Teil der Trilogie
rororo 21353
Thora ist wahrhaftig ein ungewöhnliches Mädchen: Ihre Beine sind mit schillernden Schuppen besetzt, ihre Füße schimmern lila; und unter ihrem lustigen Pferdeschwanz versteckt sich ein kleines Wasserloch. Thoras Zuhause ist ein Boot, ihr Haustier ein Pfau – und ihre Mutter eine echte Meerjungfrau!

Thora und das kleine grüne Einhorn
Zweiter Teil der Trilogie
rororo 21354 *(ab Dezember 2006)*
In London findet Thora neue Freunde: Meerjungfrau Pamela und das Meereinhorn Shirley. Gemeinsam eröffnen sie einen Wasser-Freizeitpark – das wird ein Spaß ...

Mehr Infos im rotfuchs-Magazin *fuxx!* und unter *www.fuxx-online.de*

BR 43/2

Roald Dahl bei rotfuchs

Von Wundermitteln, Riesenpfirsichen und der phantastischsten Schokoladenfabrik der Welt

Hexen hexen
«Diese Geschichte ist kein Märchen. Echte Hexen tragen ganz normale Kleider und sehen wie ganz normale Frauen aus. Deshalb ist es so schwer, sie zu erwischen.»
rororo 20587

Matilda
Matilda ist ein blitzgescheites Wunderkind. Nur fällt es leider weder Eltern noch Lehrern auf. Das soll sich ändern ... rororo 20855

Sophiechen und der Riese
rororo 20582

James und der Riesenpfirsich
James ist der einsamste und traurigste Junge der Welt! Seit seine Eltern von einem Rhinozeros gefressen wurden, muss er bei seinen schrecklichen Tanten wohnen.
rororo 21183

Das Wundermittel rororo 21185

Charlie und der große gläserne Fahrstuhl
rororo 21212

Charlie und die Schokoladenfabrik
Dass aus der Besichtigung der Schokoladenfabrik das verrückteste Abenteuer seines Lebens wird, hätte sich Charlie nie träumen lassen ... Erfolgreich verfilmt mit Johnny Depp in der Hauptrolle!

rororo 21211

Mehr Infos im rotfuchs-Magazin *fuxx!* und unter *www.fuxx-online.de*

Ein Pony für alle Fälle
Andrea Wandel bei rotfuchs

Happy und Marie – ein unschlagbares Gespann

Ein Freund für Marie
rororo 21326

Marie im Reitfieber
rororo 21327

Turnierstress für Marie
Marie möchte unbedingt bei dem Springturnier gegen Irina gewinnen. Doch dann stürzt Happy ...
rororo 21296

Marie und der Pferdeflüsterer
rororo 21362 (Juni 2006)

Happy, mach das Rennen
Maries neueste Leidenschaft: bei Galopprennen zuschauen. Und im Training ist Happy das Führpferd!

rororo 21339

rororo 21364 (Juli 2006)

Mehr Infos im rotfuchs-Magazin *fuxx!* und unter *www.fuxx-online.de*